Johann Adam von Ickstatt

Wohlstand der Länder

Johann Adam von Ickstatt
Wohlstand der Länder
ISBN/EAN: 9783743369306

Hergestellt in Europa, USA, Kanada, Australien, Japan

Cover: Foto ©ninafisch / pixelio.de

Manufactured and distributed by brebook publishing software (www.brebook.com)

Johann Adam von Ickstatt

Wohlstand der Länder

Chrift. Friedr. Menschenfreunds

Untersuchung der Frage:

Warum ist der Wohlstand

der protestantischen Länder
so gar viel größer als der
catholischen?

Mit Erlaubnis der Obern.

Salzburg und Freisingen. 1772.

§. 1.

Einleitung.

Im Schoos der heiligen Mutter der christcatholischen Kirche geboren; habe ich alle gute Meinung von meiner Religion von Jugend auf eingesogen. Als ein gehorsamer Sohn der Kirche glaube ich nur was diese glaubt und verwerfe, was diese verwirft, ohne jemals zu untersuchen, aus was vor Gründen. Denn als ein Laye gedenke ich nicht in die Heimlichkeiten der Religion einzusehen, sondern ich überlasse es der die Kirche vorstellenden Geistlichkeit, welche denn entweder unfehlbar ist, oder doch allein zu verantworten haben wird, wenn ich in dem Vertrauen auf sie, mich aller Untersuchung gerne begebe, um nur gehorsamlich zu glauben.

§. 2.

Die Kirche gebietet nicht zu glauben, daß die catholische Religion vor den Staat die vorträglichste sei.

Unter dem aber, was die heilige Kirche zu glauben gebietet, ist der Artikel nicht mit begriffen, daß ich glauben solte, es diene die catholische Religion, mehr als alle andere, zur zeitlichen Wohlfahrt, und der Wohlstand der catholischen Länder übertraffe in allem den der andern Religionen. Ich muß vielmehr bekennen, daß ich hierinnen das Gegentheil, von der Zeit an vielfältig wahrgenommen habe, als ich auf meinen Reisen Gelegenheit hatte, Länder andrer Religionen kennen zu lernen und allda Bücher zu lesen, welche mir auch andre Nationen eben so bekannt gemacht haben, als wäre ich selbst bey ihnen gewesen.

§. 3.

Nicht alle Religionen haben hierinne den Vorzug vor der catholischen. Nicht die Mahomedaner, nicht die Heiden.

Wahr ists, daß eben nicht alle Religionen der catholischen hierinnen den Vorzug nehmen: denn die unter dem Joch des Mahomeds sclavisch kriechende Länder; so wie die, welche

welche noch unter dem Heidenthum irren, bezeigen das Gegentheil. Selbst die Chineser, von denen so unendlich vieles gerühmt wird, sind ein Volk, dessen Sclaverey nur mit einer systematischen Ordnung geschmückt ist, und dessen unbeschreibliche Armuth und Elend vor dem Glanz der Mandarinen nicht sogleich in die Augen fällt, welche es gleich Blutigeln aussaugen. China giebt ein Exempel, daß ein Staat als Staat betrachtet, zu der Zeit mächtig und reich seyn kan, da seine Unterthanen millionenweise in dem bittersten Elend schmachtend darnieder liegen.

§. 4.
Nicht die neuen, nicht die alten Juden.

Selbst die Jüdische Religion hat der unsrigen nicht so gar viel vorzuwerfen. Die heutigen Juden kommen dabey ganz in keine Betrachtung, indem sie nirgends einen eignen Staat formiren. Aber auch die Juden unter ihrer ehemaligen eignen Beherrschung, zeigen nichts so man ihnen mißgönnen könnte. Künste und Wissenschaften blühten bey ihnen gar nicht. Bey einer jeden Unternehmung von Wichtigkeit mußte entweder GOtt einen von ihnen wunderthätig erleuchten, um das Werk hinaus zu führen; oder man bediente sich fremder Hülfe. Dabey war auch der

Gottesdienst so kostbar, daß es zu verwundern ist, wie das Land dabey noch hat bestehen können. Der zur Besorgung dieses Gottesdienstes ernannte Stamm Levi war einer von zwölfen. Ihm hätte dahero, bey der Theilung des Landes, davon der zwölfte Theil gebühret, und diesen hätte er, gleich seinen Brüdern im Schweiß des Angesichts bauen müssen: Allein, statt des zwölften Theils, bekam er den zehnten und zwar dergestalt, daß die übrigen eilf Stämme zu einer ewigen Knechtschaft verurtheilt wurden, um den Leviten ihr Land zu bauen. Sie bekamen nehmlich keinen Theil am Lande selbst, aber den Zehnten von allem was die übrigen eilf Stämme mit ihrer sauern Arbeit bauten und erndeten. Uberdem waren die Erstlinge aller Früchte und die erste Geburt alles zahmen Viehes ihr Eigenthum. Ingleichen war die Menge der Opfer unglaublich, welche theils bey unzähligen Gelegenheiten gegeben werden mußten, theils aus freyem Willen gegeben wurden, und von welchen die Priester und Leviten, mit ihren Weibern und Kindern fett lebten.

§. 5.

Aber unter den uncatholischen, die Protestanten.

Unter den christlichen Völkern aber stellen sich

sich mir die Uncatholischen und unter diesen insbesondere die Protestanten als diejenigen dar, welche überall glückliche Völker zeigen, und nur geringe Länder brauchen, um eine große und sehr würcksame Macht sehen zu lassen.

§. 6.

Daran ist die catholische Religion schuld.

Niemand wird wohl die Sache selbst widersprechen. Nur die Ursachen sind also zu ergründen; und, da wir mit diesen Leuten einerley fünf Sinne und ihre Regenten in weltlichen Dingen mit den unsrigen gleiche Rechte haben; noch mehr, da zwischen uns und ihnen ganz kein Unterschied als nur die Religion obwaltet: So folgt von selbst, daß es auch nur die Religion ist, welche den grossen Unterschied des Wohlstands verursacht.

§. 7.

Verfassung der Protestanten in Absicht auf die Religion.

Wer die Religions-Verfassung der Uncatholischen, besonders in Teutschland betrachtet, der wird finden, daß sie zwar Kirchen, auch mehrentheils nicht unfeine Kirchen, jedoch keine solche haben, deren Erbauung ei-

nen großen Aufwand erfordert. Die Aus-
zierung bestehet in nichts als in der Reinig-
keit. Der Kirchen sind nicht mehr als Pfarreyen. Andre gottesdienstliche Gebäude haben sie gar keine. Sie haben keine Priester
als ihre Prädicanten, welche sie Pfarrherren
nennen, und diese heyrathen und zeugen Kinder. Von Klöstern wissen sie nichts, und einige Stifter sind nur als Versorgungs-An-
stalten armer Personen anzusehen, ohne sie
durch Gelübde von dem ehelichen Stande ab-
zuhalten. Ausser den Sonntagen haben sie
nur gar wenige Feyertage und also auch wenig Versäumnis. An den Werktagen ver-
richtet jeder sein Gebeth in seinem Hause. Von
besondern Andachtsübungen wissen sie nichts,
sie werden demnach von Jugend auf zur Arbeit der Werktage und nicht zum Müßiggang
der Feyertage gewöhnt.

§. 8.

**Der Protestanten Freyheit zu denken
und Mittel sich zu unterrichten.**

Die größte Sorgfalt wenden sie auf ihre
Schulen. Ihre Lehrer lehren ihre Leute
denken, alles selbst erforschen und selbst beurtheilen. Tausend Erfindungen haben daher
ihren Ursprung. Alle Bücher, wenn auch
gleich das cum permissu superiorum nicht
drauf

drauf stehet, dürfen sie lesen: dadurch werden ihre Kentnisse ungemein erweitert. Ihre Fürsten, Ministers, Räthe und Beamten werden alle auf diesen Fuß erzogen. Selbst der Soldatenstand hat seine Gelehrte, die Jägerey und die Gärtnerey ihre Naturkundiger; und unter ihren Handwerksleuten und Bauern ist gewiß ein großer Theil der denkt ohne blos maschinenmäßig, durch den Trieb der Gewohnheit und nach Vorurtheilen zu arbeiten, welche ihre Aeltern von den Großältern geerbt und letztere von den weitern Vorfahren unglücklich erhalten haben. Die Obrigkeit ist dahero allezeit besorgt, neue Wege zum Besten des Staats einzuschlagen und gern bietet das Volk die Hände, um die zum Augenmerk genommene Wohlthaten sich zuzueignen und weiter zu verbreiten.

§. 9.

Häusliche Verfassung der Protestanten.

Da sie keine Klöster haben, in welchen ihre Kinder ernährt werden, so ist ihr Fleiß die einzige Quelle ihrer Nahrung, welcher dahero keine Gränzen als nur die Unmöglichkeit kennt. Weil nun auch bey ihnen alles Geld in der Circulation bleibt, und es keine Plätze giebt, wo man nur ungebrauchte Schätze von Jahrhunderten aufhebt, um sie immer mit neuen zu vermehren, und diese, wie jene, zu gleicher Müßigkeit zu verdammen; so weis jeder, daß er vor sich arbeitet, und nur allein er die Früchte seines Fleißes genießt. In seinen Handlungen befleißigt er sich dahero der Redlichkeit und Aufrichtigkeit, weil einestheils auf dieselbe allein ein solides Glück gebaut werden kan, anderntheils aber bey diesen Leuten keine Art der Buße vor gültig gehalten wird, als die mit der Besserung des Herzens verknüpft ist.

§. 10.
Religions-Dultung der Protestanten.

Bey allen denen, welche mit ihnen in Religions-Sachen nicht gleich denken, ist er ungemein nachsehend; er erträgt dieselbe mit Liebe, hasset sie nicht und hält sie vor seine und des ganzen menschlichen Geschlechts Freunde, in so weit sie nicht durch ihre Intoleranz und deren Ausbrüche, sich als Feinde aller derer erklären und betragen, welche ihren Erkenntnissen das nehmliche Recht zueignen, wie jene dem ihrigen. Er sieht ein, daß nicht Gott es ist, sondern daß es nur Menschen sind, welche uns Symbola und Glaubensvereine vorgelegt haben, worauf wir beharren und alle die vom Himmelreich, ja sogar auch von den
Rech=

Rechten der Weltbürgerschaft ausschliessen
sollen, die nicht mit blindem Eifer, ohne Uber-
legung und ohne Verstand darauf schwören,
und alle diejenigen verabscheuen, welche eine
andre Formel, ebenfalls von Menschen ver-
faßt, der ihrigen vorziehn.

§. 11.

Folgen des Vorhergehenden.

Dadurch wächst die Bevölkerung: Die
Zunahme der Menschen verschafft bey allen
Arbeiten helfende Hände. Der Ackerbau, die
Fabriken, die Handlung ziehen alle Vortheil
davon. Der Zirkellauf des Geldes gehet un-
ter diesem vermehrten Volk immer fort.

§. 12.

Unterschied unter den Protestanten und
Catholiken.

So stehet es denn bey den Protestanten.
Wer ihre Einrichtungen, ihre Ordnungen,
ihre Handlung, ihre Gewerbe, ihren Ackerbau, ihren Fleiß, ihre Lebhaftigkeit, ihre
Menge, ihre Stärke und ihre Entschlossenheit nach allen Rubriken betrachtet, der
muß ihnen alle mögliche Mittel zu einem
großen

großen Grad der Glückseligkeit zu der Zeit einräumen, wo wir blos an unserer freylich sehr hoch zu schätzenden Religion unsere Freude suchen, darüber aber muthlos, träg, arm und elend einher gehen und nur einige Familien unter uns ernähren, welche allein Vermögen besitzen und ihren Nebenmenschen, ohne Empfindung vor ihren Augen, zu Grunde gehen sehen.

I. Ab=

I. Abschnitt.

Großer Aufwand bey Kirchen und andern zu der catholischen Religion gehörigen Dingen.

§. 1.

Kostbarkeit der catholischen Kirchen und deren Zubehörden.

Was kostet uns aber auch unsre Religion? wie unendlich viele Kirchen haben wir nicht gegen die Uncatholischen? Bekannt ist, daß die einzige Reichsstadt Cölln so viele Kirchen zält als Tage im Jahr sind. Die Sache mag richtig seyn, in so ferti man die Capellen zu den Kirchen zählt. Was kostet das Bauen dieser Kirchen? Was kostet deren Unterhalt? Wäre jene Stadt der so genannten Reformation nicht glücklich entgangen, so würde sie mit fünf bis sechs Kirchen überflüßig genug haben und ihre Einwohner würden wohl durchgehends, jedoch nach gebührenden Verhältnis, so reich seyn, als die darinnen wohnenden Zwinglianer, welche sich Reformirte nennen, und ungeachtet ihrer geringen Zahl, das meiste Vermögen besitzen. Wer bezahlt aber

aber das Bauweſen dieſer Kirchen? Geht es
nicht hauptſächlich über dem Beutel der Layen
her? Was koſten nicht die prächtigen Altäre
in ſolchen Kirchen? Was koſtet nicht der Or‐
nat? Was die Meßgewande und andre geiſt‐
liche Kleidung? Was koſten die Bilder, was
koſtet auch deren Kleidung, um welcher willen
manche Dame ihr beſtes Kleid hergibt? Was
koſten die Orgeln, was die Glocken? Kennen
wir wohl ein Ziel, ein Maas in der Pracht
unſrer Kirchen und ihrer Zubehörden?

§. 14.
Koſtbarkeit der Bilder, Creutze, Haus‐Capellen, u. d. g.

Setzen wir nicht Bilder, Creutze, und
dergleichen auch auſſer den Kirchen an unſre
Häuſer, an die Wege und Straßen, auf öf‐
fentlichen Plätzen, auf den Gottesacker und
ſonſt? Sind nicht unſre Häuſer damit ange‐
füllt? Iſt dieſes nicht abermal ein Mittel den
Beutel zu fegen? Ein nur ein wenig vorneh‐
mes Haus hat ſeine eigne Capelle; was koſtet
deren Anrichtung? Wir ſtiften in unſern Kir‐
chen ewige Lampen, dergleichen geſchiehet
bey vielen unſrer Bildſäulen; unſre heiligen
Meſſen können nicht ohne Lichter geleſen wer‐
den. Die Kinder des Stifters ſitzen vielleicht
zu der Zeit, aus Mangel, im Finſtern, da
ſolche

solche Lampen helle brennen und den Uncatholischen und Kätzern die ärgerliche Frage in
den Mund legen: warum man solche Lichter
unterhalte?

§. 15.
Kostbarkeit der Reliquien.

Das Vertrauen so wir billig auf die lieben
Heiligen setzen, erstreckt sich auch auf ihre Reliquien. Wir erzeigen denselben die gebüh-
rende Ehre; wir fassen die heiligen Leiber in
Seide, Gold, Silber und Edelgesteine; wir
heben die Reliquien von geringerer Größe in
kostbaren Behältnissen auf; wir umgeben sie
wenigstens mit zierlichen Rahmen. Dieses
kostet Geld und abermal Geld.

§. 16.
Kostbarkeit der Wallfahrten.

Die Verehrung der allerseligsten Mutter
Gottes, der lieben Heiligen, ihrer Reliquien
und der an so vielen Orten befindlichen Gnadenbilder, veranlaßt uns zu Wallfahrten,
welche öfters in weite Reisen nach der Mutter Gottes zu Czenstochow, zu Marien-Ein-
siedel, zu Loretto, nach St. Jacob zu Com-
postell, ad limina apostolorum und sonsten
ausschlagen und nicht geringes Geld kosten.
Mit leerer Hand darf man sich auch dem
Gna-

Gnadenbilde nicht näßern. Wird zu Rom ein Jubiläum verkündigt, denn gehet es erst recht an ein Laufen.

§. 17.
Kostbarkeit der Processionen.

Gehen wir in Processionen, alsdenn tragen wir Kerzen; und zwar je größer je besser. Wieder Geld vor den Wachszieher. Wir müssen uns bey diesen Umgängen in der besten Kleidung sehen lassen. Wir haben auch dabey, und insonderheit auf den Charfreytag, wo wir das heilige Leiden Christi vorstellen, sonst noch Unkosten, um die erforderlichen Maschinen anzuschaffen und die Repräsentanten durch ihre Kleidung kenntlich zu machen.

§. 18.
Kostbarkeit des Schießens bey allerhand Gelegenheiten.

Bey verschiednen Umgängen und bey dem heiligen Frohnleichnamsfest insonderheit, schießen wir, Gott zu Ehren, aus Pöllern und Stücken. Das Pulver kostet Geld; springt ein Pöller entzwey und schlägt den damit beschäftigten Leuten Arme und Beine in Stücken, denn muß der Wundarzt bezahlt und der Krüppel durch Betteln ernährt werden. Brennt

Brennt über dem Schießen ein Dorf ab, wie schon so oftmals geschehen, denn muß man es haben und wird dadurch nicht reicher.

§. 19.
Benediction der Zimmer u. d. g. koſtet Geld.

Die Benediction unſrer Zimmer, unſrer Ställe, und unſrer Betten geht auch nicht ſo leicht ohne Koſten ab. Das C † M † B † wird eben nicht umſonſt an die Thüren geſchrieben. Vor das Gewitter brauchen wir geweihte Kerzen, vor Menſchen und Vieh aber ſonſt noch vielerley geweihte Dinge, welche meiſtentheils in der Ausgabe ihre Rubric haben.

§. 20.
Oftmalige Koſten wegen Beſuchung der Sonn= und Feſttäglichen Meſſen.

Da man eine Todſünde begehet, wenn man eine Sonn= oder Feſttägliche Meſſe verſäumt, wir alſo, wenn wir uns an einem uncatholiſchen Ort befinden, aufs wenigſte zwey Stunden weit reiſen müſſen, um nur die Meſſe zu erreichen; ſo iſt dieſes abermal ein Mittel des Geldes los zu werden.

§. 21.

Die Protestanten thun Buße ohne dem Beutel wehe zu thun.

Die Protestanten haben eine Art der Buße, welche sie nichts als eine reiffe Ueberlegung ihrer begangnen Fehler, eine wahre Reue über dieselbe, so öfters mit Thränen begleitet ist, eine feste Entschließung, die vorigen Sünden, aus Liebe zu Gott und zur Tugend, zu unterlassen, und eine solche Besserung des Herzens kostet, die eine heitere Gemüthsruhe in dem seligen Stande einer ungezwungnen Frömmigkeit zur Folge hat; den Beutel aber läßt ihre Buße unbelästigt.

§. 22.

Kostbarkeit der catholischen Buße.

Aber, wie ist es bey uns? Ist die Sünde gebeichtet, denn wird die Buße auferlegt. Eine gewisse Anzahl von Vater unser ꝛc. und Ave Maria ꝛc. kostet wohl kein Geld; sie kommen aber auch öfters so stark, daß man sie nicht selbst verrichten kann, sondern eine Betschwester halten muß, welche täglich vor unsern Altären kniend, durch ihr Beten unsre Sünden wieder gut macht. Ablaß und Indulgenzien erhält man gewiß nicht umsonst, sondern sie müssen bezahlt werden. Wallfahrten

fahrten zu thun wird man verurtheilt. Daß
sie kostbar sind, ist vorhin schon bemerkt wor=
den. Geht es gleich in einigen Fällen an,
statt seiner einen andern zu senden; so will
doch auch dieser für seine Reise und Mühe be=
zahlt seyn. Wird man um Wachs gestraft,
wer schenkt uns dasselbe? Muß man sich gar
geißeln; so muß hernach der Chirurgus be=
zahlt werden. Nach verrichteter Geißlung
finden aber auch diese Pönitenten den Weg
ins Wirthshaus, um sich auf einen so bösen
Tag wieder etwas zu gute zu thun, und den=
noch leiden dergleichen Leute durch solches
und andres Casteyen sehr ofte an ihrer Ge=
sundheit Schaden.

§. 23.

Kostbarkeit der Almosen und Fasten.

Werden Almosen auferlegt, so giebt man,
um die Buße zu vollbringen, so bald es nur
möglich ist, und jedem uns nur aufstoßenden
Bettler. Muß man heilige Messen lesen las=
sen, wollen auch diese nicht bezahlt seyn? Die
mit zur Buße gehörenden Fasttage fallen
uns ebenmäßig sehr kostbar. Siebt man die
Calender nach, in welchen sie verzeichnet sind,
so sind erstlich alle Freytage und alle Sonn=
abende Fasttage. Die Vorfeste der Heiligen
sind Fasttage, sogar die Quatember und noch

verschiedne andere. Rechnet man nun noch
die 40 tägige große Fasten dazu; so hat man
über ein halbes Jahr lang lauter Fasttage.
Wer aber in unsern Haushaltungen bekannt
ist, weiß es sehr wohl, daß eine Fastenmahl-
zeit ein Drittel theurer zu stehen kommt, als
wenn man Fleisch speisen darf. Wir müssen
dabey unser Geld vor Fische großen Theils
außer Landes senden. Und wer sind denn die
größten Fischer in Europa? sind es nicht lauter Uncatholische und Protestanten, Englän-
der, Holländer, Norweger, Schweden, Dä-
nen, Bremer, Hamburger und Lübecker? In
Ländern, wo man keine Eyer essen darf, ists
noch schlimmer. Daß Mehlspeisen und Back-
werk ebenfalls kostbar und theurer als Fleisch
sind, wissen wir am besten. Baumöl, Oli-
ven, Feigen, Rosinen, alle ausländische Früchte und andre Fastenspeisen führen auch das
Geld außer Landes.

§. 24.
**Vortheile der Protestanten wegen der
ungezwungnen Speisung.**

Alles dieses kömmt den Protestanten zu
gut. Sie essen Fleisch und Fische, wenn sie
solche haben, alle Tage unter einander. Bey
dieser Vermischung können gar viele Haushal-
tungsvortheile Platz haben. Sie sind nicht
ge-

genöthiget. Fische zu kaufen, um sie auf gewisse Tage zu haben, folglich sie in dem Preis zu nehmen, den die unverschämte Gewinnsucht des Verkäufers darauf setzt, und das Gebot der Kirche abnöthigt. Es verderben ihnen, wegen der darauf fallenden Fastage, keine Fleischspeisen. Was noch mehr ist, daß viele fette Teigwerk auf den Fastentischen ist Ursache, daß gar viele Leute ungesund werden. Einige treiben die Andacht so weit, daß sie lieber diese Beschwerlichkeiten des Leibes mit Gedult tragen, und das Geld lieber mit dem Arzte und Apotheker theilen, als daß sie sich wegen der Fasten eine Dispensation erbitten sollten. Sie mögen aber eins oder das andre wählen, es kostet doch jedes Geld, nur dieses ist der Unterschied, es gehet entweder nach Rom oder in die Apotheken.

§. 25.

Kostbarkeit der Gelübden.

Will jemand etwas von Gott erbitten, so geht es selten ohne Gelübde ab. Wenigstens muß eine heilige Messe oder mehrere ad intentionem gelesen und diese bezahlt werden. Erhält man das, so man gewünscht hat, denn muß das Gelübde bezahlt werden. Man schenkt wohl ein ganz goldnes oder ganz silbernes Kindlein derjenigen gebenedeyten Mutter Gottes, zu deren Gnadenbild man seine Zuflucht genommen hat, als man schwanger seyn wollte. Ist auch gleich kein Gelübte geschehen, so muß doch die Dankbarkeit nicht unterbleiben, sondern demjenigen Heiligen oder Gnadenbild ein Opfer gebracht werden, durch den oder durch das man die Hülfe erlangt hat.

§. 26.

Dankbarkeit gegen Gott und die Heiligen ist mit Kosten verknüpft.

Sogar wenn ein Bauer ein krankes Stück Vieh gehabt hat, welches wieder genesen ist, so opfert er wenigstens einen Ochsen, eine Kuh, ein Kalb, ein Schaf, ein Pferd, ein Schwein u. d. g. von Wachs, sollte es auch nur einen oder ein paar Kreuzer kosten, und so werden auch Arme, Beine, Köpfe, ganze Kindlein u. d. g. bald in Lebensgröße, bald aber geringer geopfert, je nach dem jemand an diesem oder jenem Glied des Cörpers eine besondre Wohlthat erhalten, oder etwa ein Kindlein lebend behalten hat, u. d. g. Ist die Sache von höherm Belang; bricht sie in öffentliche Freudensbezeugungen aus; so wird ein feyerliches Te Deum laudamus und Hochamt angestellt, wozu der Beutel wieder tapfer gezogen werden muß.

§. 27.

§. 27.

Beſondrer Vorfall bey einer Vieh-ſeuche.

Neulich ward ich berichtet, daß der Herr Paſtor ** zu ** ſich herzlich erfreut habe, als das Viehſterben in ſeinem Kirchſpiel wieder angefangen hatte, indem er dabey mit heiligen Meſſen einen großen Verdienſt hoffte. Stirbt die Kuh, ſo iſt ſie fort und das Geld für die heilige Meſſe auch: Kömmt die Kuh davon, ſo bekommt man doch das Geld vor die heilige Meſſe nicht wieder.

§. 28.

Wie ſich die Proteſtanten gegen Gott Dankbar erzeigen.

Alles dieſes erſparen die Proteſtanten. Sie haben keine Heiligen welche ſie anrufen; nicht einmal zur gnadenvollen Mutter Gottes ſelbſt, und alſo noch vielweniger zu den Gnadenbildern, nehmen ſie ihre Zuflucht. In allen ihren Anliegen wenden ſie ſich zu Gott unmittelbar; in ihren Nöthen demüthigen ſie ſich vor ihm, bereuen ihre Sünden, thun Buße durch Beſſerung ihres Lebens, und bitten alsdenn um Gnade. Soll man nach dem Aeußerlichen urtheilen, ſo müſſen ſie auf dieſem Wege nicht ſehr irre gehen; denn ihre

Sachen gehn ihnen wohl von statten, und meist alles gelingt ihnen: wo wir hingegen nicht allemal gleiches Glück haben. Da aber Gott, der als Schöpfer alles in seinen Händen, den Himmel zu seinem Stuhl und die Erde zum Schemel seiner Füsse hat, keine Geschenke von Gold, Silber, Wachs, Korn, Most und Oel annehmen kann; so haben die Protestanten auch keine andre Dankopfer, als ihre Gebethe, in welchen sie den Geber alles Guten über alles preisen, sich ihm von Herzen ergeben, und ihn um Gnade bitten, in wahrhaftiger Gerechtigkeit und Heiligkeit vor ihm, würdig, als seine Kinder zu leben, und so bleibt ihr Beutel zu der Zeit voll, wo der unsrige leer wird.

§. 29.

Kostbarkeit der catholischen Almosen.

Das Almosengeben ist bey uns Catholischen auch eine sehr beschwerliche Sache. Sie ist um so beschwerlicher, da wir dadurch keinen andern Endzweck erreichen, als daß wir unsre Neigung zum Wohlthun zu erkennen geben. Wie vieles aber die Protestanten hierinnen vor uns voraus haben, werde ich unten weiter bemerken.

II. Ab=

II. Abschnitt.

Großer Aufwand zum Unterhalt der catholischen Geistlichkeit.

§. 30.

Wenige Geistlichkeit der Protestanten.

So groß nun auch bey allen diesen Rubriken die Unkosten unsrer Religion sind, so wenig kommen sie doch der Last des Unterhalts so vieler Geistlichen bey. Die Protestanten haben ihre Pfarrer, und einer von diesen ist über die andern Pfarrer eines gewissen Districts zum Aufseher, unter dem Namen eines Superintendenten oder Inspectors, ohne alle Besoldung bestellt. Alle dieselben aber stehen unter dem Consistorio oder dem Kirchenrath, welcher ein Collegium ist, so aus geistlichen und weltlichen Räthen besteht, und nicht allein die geistlichen Sachen dirigiret, sondern auch darauf sieht, daß diese mit den übrigen Theilen des Staats in gehöriger Harmonie bleiben.

§. 31.

Der Pabst und die Bischöfe mit ihren Dom-Capiteln werden von dem dermaligen Betrachtungen ausgeschlossen.

Daß wir bey uns, an dem heiligsten Vater zu Rom einen Bischof aller Bischöfe und ein höchstes Oberhaupt aller christcatholischen Kirchen, und überdem noch eine Menge Erzbischöfe und Bischöfe haben, daran will ich dießmal nicht denken. Alle haben an Reichthümern dergestalt zugenommen, daß sie entweder, wie in Teutschland, würckliche Fürsten geworden sind, oder wenigstens fürstenmäßige Einkünftige erlangt haben. Was durch die Stiftung dieser großen Länder und Einkünfte aus den Händen der Layen hinaus gegangen, ist schon verschmerzt: Von den Nachkommen der Stifter habe ich nicht selten gehört, daß sie es nicht wenig bedauert haben, daß ihre Vorfahren so fromm und andächtig gewesen. Einige von uns nennen sogar diese Frömmigkeit Aberglauben, und scheuen sich nicht, darüber eine Sprache zu führen, welche den Ketzern nur allein eigen bleiben sollte. Sie gehn darinnen gar so weit, daß sie aus der heiligen Schrift anführen, es habe Christus unser Herr gesagt, sein Reich sey nicht von dieser Welt, und daß er seinen Aposteln befohlen habe, dergleichen Dinge fern von sich seyn zu lassen.

§. 32.

§. 32.

Doch verursacht der Stuhl zu Rom der catholischen Christenheit viele Kosten.

Ich glaube jedoch, alles dieses wäre schon noch zu ertragen; aber, daß man so viel Geld an den heiligen Stuhl nach Rom senden muß, dieses macht doch die Länder nicht reich, sondern arm. Was kostet doch unsre hochwürdigsten Bischöfe und Erzbischöfe, oder vielmehr ihr Land, das Pallium? Was für Geld gehet durch die Annaten, wo sie eingeführt sind, verlohren? Was kosten die vielen Dispensationen, welche nur der heilige Vater ertheilen kann, und die ihren Ursprung in den vielen Gesetzen der päbstlichen Rechte haben, deren Absicht zu beurtheilen ich nicht fähig bin. Was kosten die schweren Processe, welche zu Rom geführt werden? Was kosten die Canzley-Taxen, welche zu Rom stärker als an einem Ort in der Welt sind? Was kosten die vielen Nunciatur-Gerichte? Was kosten die Gesandten und Agenten, die zu Rom unterhalten werden müssen? Geschiehet es, daß Gott seine lieben Heiligen durch einen neuen vermehrt, so ist dessen Seligsprechung mit nicht geringen Kosten verknüpft. Kömmt es gar zur Heiligsprechung, so müssen diejenigen,

gen, welche sich dieselbe angelegen seyn lassen, einen Aufwand von Einhundert tausend Scudi nicht zu schwer finden. Ist denn die Canonisation würklich vor sich gegangen, so gibt es neue Gottesdienste, und diese sind in allen den Landen, mit welchen der neue Heilige, etwa wegen der Landsmannschafft oder sonst in besondrer Verbindung steht, mit neuen Kosten verknüpft.

§. 33.
Eintheilung der übrigen Geistlichkeit in weltliche und Ordensleute.

Die übrigen Geistlichen will ich nur in weltliche und Ordensleute, und diese wieder in solche, so von ihren Stiftungen leben, und in die Bettel-Orden eintheilen. Die Weltgeistlichen kommen in geringe Betrachtung, wenn von der Armuth unsrer Religionsverwandten die Frage ist. Sie sind brave Leute, aller Ehre würdig, und wenn sie von den Renthen ihrer Pfarreyen leben, so thun sie nichts als was schriftmäßig ist: Denn, wer dem Altar dient, der soll sich auch vom Altar nähren. Erwerben sie etwas, so kömmt dasselbe nach ihrem Tode wieder in die Hände der Layen, und sie können dem Staat eben so wenig einen Schaden bringen, als die Prädicanten der Lutheraner und Calvinisten.

§. 34.

§. 34.
Unterſchied der alten und neuen Or=
densleute.

Bey den Ordensleuten kann ich aber nicht die nehmliche Sprache führen. Sieht man auf ihren Ursprung und auf die Abſicht der heiligen Stifter, ſo iſt beydes, Urſprung und Abſicht, ſehr löblich und gut. Man hat dar= an eine ziemlich ähnliche Schilderung der er= ſten Chriſten; ein Gemählde, welches in der chriſtlichen Kirche ſich nicht zu allen Zeiten durchgehends erhalten hat. Betrachten wir aber unſre Klöſter gegen die erſten ihres Or= dens, o! wie groß iſt da der Unterſchied? Hier, Demuth und Niedrigkeit; dort Stolz und übertriebener Pracht: Hier, ein ſtilles, eingezognes, gottesfürchtiges, mäßiges, die Güter der Welt, Wolluſt, Ehre und Reich= thum verachtendes Leben; dort, der Lärm ei= nes Hofs, große Gaſtmale, herrliche Tafeln, und eine beſtändige Begierde, fürſtenmäßige Ehre zu erlangen, und alle Reichthümer der Erde zuſammen zu bringen: Dort, eine Höle in einer abgeſonderten wilden Gegend; hier die prächtigſten Palläſte und Gärten in be= wundrungswürdiger Größe. Der Abt, wel= cher vor dieſem ſeine Brüder zu einem regel= mäßigen, frommen, der Welt entſagenden Le=
ben

ben anführte, muß jetzt seine Nachfolger, mit dem Schwerdt in der rechten Hand, tausend seiner Unterthanen slavisch zu der Zeit regieren sehn, da er den Abtsstab in der Linken, schläfrig und nachläßig hält.

§. 35.
Schädlichkeit der Klöster überhaupt.

Ich würde mich zu sehr von meinem Zweck entfernen, wenn ich bey dieser Materie alle Anmerkungen beybringen wollte, welche dabey statt fänden; es sey mir aber genug, zu klagen, daß dasjenige, so diese hochwürdige Väter besitzen, ihnen aus den Händen der Layen zugeflossen ist, und daß ihre Stifter einen unergründlichen Schlund des Meers vorstellen, welcher alles, was nur in seine Gegend kömmt, durch seine unzählige Wirbel an sich zieht und verschlingt, zu keiner Zeit aber etwas wieder von sich giebt. Ich muß diesem noch beyfügen, daß solcher Klöster eine so große Menge geworden, die gewiß einen jeden in Erstaunen setzen muß. Dieses aber wird so wenig allenthalben erkannt, daß man, wer sollte es glauben, noch zu unsern Tagen hin und wieder von neuen Stiftungen der Ordensleute zu hören hat.

§. 36.

§. 36.

Ziehen das Vermögen der Layen immer mehr an sich.

Wunderselten wird man ein Kloster antreffen, das seine Renthen ganz verzehrt. Immer bleibt ein Theil, ja ein recht großer Theil übrig. Dieser kömmt nicht unter die Leute, sondern er wird zu einem neuen Capital angelegt, und entweder werden den Layen ihre Güter dafür abgekauft, um die Klostergüter zu vergrössern, oder es wird das Geld an die Layen ausgeliehen, um durch die Zinsen, welche hoch genug genommen werden, das Vermögen der Layen immer mehr an sich zu ziehen. Da dieses Capital durch die Zinsen immer vermehret wird; da diese zu Capital gewordnen Zinsen einen neuen Angel abgeben, um mit abermaligen Zinsen das Geld der armen Layen dem schon allzureichen Kloster zuzuwenden; da ausserdem die Ersparnuß des einen Jahrs im zweyten und dritten allzeit wieder geschiehet; so ist dieses ein Fortgang bis ins Unendliche, und es wird die Zeit kommen, wo die Ordensleute alles Vermögen der Layey haben, diese aber nur Sclaven und Knechte ihrer hochwürdigen Väter seyn werden.

§. 37.

§. 37.
Die Klöster ziehen die Pfarreyen an sich.

Da die Ordensleute auch darinnen ihre erste Anordnung verlassen haben, daß sie anstatt eines ascetischen Lebens, den Priesterstand sich zugeeignet haben; so hat dieses ihnen eine vortreffliche Gelegenheit gegeben, eine unendliche Menge von Pfarreyen an sich zu bringen, die Weltgeistlichen zu verdringen, und also diesen ihren Anverwandten die Erbschaft zu entziehen, welche manchem aus der Noth geholfen, den andern aber in den Stand gesetzt haben würden, sich zum Dienst des Staats und des Nebenmenschen geschickt zu machen, etwas nützliches zu unternehmen, und den Grund zu einer beglückten und andre wieder glücklich machenden Nachkommenschaft zu legen; wohingegen nun die Renthen der in klösterliche Hände gefallenen Pfarreyen blos und allein dazu dienen, um den schädlichen Uberfluß des Klosters immer zu vergrössern, und die Armuth der Layen zu vermehren, welche sich denn nach und nach über den ganzen Staat ausbreitet.

§. 38.
Fernere Gelegenheit, wobey die Klöster immer reicher werden.

Die vielen Festtage, die Indulgenzien, die Gnadenbilder, die besondern Heiligen der Klöster ziehen denselben das Volk immer mehr zu. Die heiligen Messen sind ihnen fast allein eigen, welche um Belohnung gelesen werden. Werden Jahrzeiten gestiftet, so geschieht es in den Klöstern. Die Ordensleute haben die Stellen der Beichtväter mehrentheils an sich gebracht. Hier lege ich die Hand auf den Mund, um nicht zu sagen was andre sagen, wie nehmlich diese Gelegenheit gebraucht und gemißbraucht werde, um das Gewissen der Beichtkinder mit dem Vortheil des Klosters genau zu verbinden, und durch Stiftungen unter den Lebendigen, durch Testamente u. d. g. auch sonst noch in viele andre, eben nicht allemal ganz zu rechtfertigende Wege, das Vermögen der Layen noch weiter an sich zu ziehen. Die Begräbnisse, besonders vermöglicher Leute, werden auch gern in den Klöstern gesucht, um das Gebät der Ordensgeistlichen, auch noch nach diesem Leben zu benutzen. Wer kann aber wohl sagen, daß ein solches Begräbniß noch einmahl sey gesucht worden, ohne dem Kloster eine merkliche Wohlthat zuzuwenden?

§. 39.

§. 39.
Unzulänglichkeit und schlechter Erfolg der klösterlichen Erziehungsanstalten.

Fallen dir, Lieber! die Schulen ein, welche einige Ordensleute vor das männliche und weibliche Geschlecht angelegt haben; höreſt du von denenſelben auch wohl etwas rühmen; ſo will ich mit andern Leuten nicht ſagen, daß durch eben dieſe Schulen das Volk in demjenigen Theil des Aberglaubens und der Dummheit erhalten wird, welcher den politiſchen Abſichten der Klöſter gemäs iſt: das aber wirſt du zugeben, daß ſolche Erziehungs-Anſtalten der Jugend beyderley Geſchlechts, das wichtigſte Mittel ſeynd, unſern Kindern einen frühzeitigen Wohlgefallen am Kloſterleben zu machen, welcher hernach hinweg fällt, wenn es zu ſpät iſt, und der wenigſtens den Menſchen gleich mit der Muttermilch und in der alles ſehr leicht faſſenden Jugend, alle die Vorurtheile beybringt, welche den Klöſtern ſo ungemein nützlich geweſen ſind.

§. 40.
Zur Erziehung und den Schulen hat man keine Klöſter nöthig.

Aber ſetzt man auch dieſe Betrachtung auf die Seite, ſo ſind es nur die allerwenigſten

sten Klöster, welche sich mit der Erziehung und dem Unterricht der Kinder abgeben, und allemahl wird das richtig bleiben, daß zu solchem Endzweck das Klosterleben und die Klostergelübde ganz nicht nöthig, sondern vielmehr schädlich sind, indem diese nur in ihre Mauern eingesperrte Leute unmöglich eine gute Lebensart haben können, und die sclavische Zucht, welche in den Klöstern herrscht, die schädlichste Würkung bey den Kindern hat, welche darinnen erzogen werden. Was ist doch abgeschmackter als ein Frauenzimmer, so in einem Nonnenkloster ist erzogen worden? Die wenigsten bringen etwas anders heraus, als die Kunst Blumen zu machen, zu nähen, zu sticken, und die Zeit mit Dingen zu verderben, so viel weniger zum wesentlichen unsrer heiligen Religion, als zu den klösterlichen Andachts-Tändeleyen gehören.

§. 41.

Die Klöster dienen nicht, den Ueberfluß der Kinder zu versorgen.

Denkst du etwa, mein Freund, es seyen gleichwohl die Klöster ein fürtreffliches Mittel, wodurch ein Vater sich des Ueberflusses seiner Kinder entladen kann? Allein, fragen wir die Protestanten, alsdenn werden dieselben

ben die Möglichkeit eines solchen Ueberflusses nicht leicht eingestehen, und sie zeigen mit ihrem Exempel, daß, ohngeachtet sie das Versorgungsmittel der Klöster nicht haben, sie dennoch durch den gedachten Ueberfluß nicht die mindeste Beschwerde leiden. Doch davon wird unten geredet werden.

§. 42.

Es ist eben so schwer ein Kind im Kloster als in der Welt zu versorgen. Von den Klosterfrauen insbesondre.

Aber wie werden denn unsre Väter dieses Versorgungsmittels ihrer Kinder theilhaftig? darf man etwa nur an die Klosterthüre anpochen, und sagen, man wollte in demselben einen Sohn versorgen, welcher bereit sey, die Klostergelübde auf sich zu nehmen? Niemand kann auf diese Frage besser antworten, als unsre eigne Erfahrung. Wie hoch belaufen sich die Stiftungsgelder, welche der neue Ordensmann, oder das neue Klosterfräulein einbringen muß, um aufgenommen zu werden? Was wird zur Aussteuer erfordert? das sind die Fragen, welche man thun muß, wenn man ein Kind in das Kloster haben will. Wir wissen, daß es meistens eben so hoch kommt, eine Tochter in das Kloster zu bringen,

gen, als sie ihrem Stande gemäß zu verheyrathen. Wir wissen anbey, daß wer eine Tochter in einem Kloster versorgt, eine beständige Bettlerinn an sich hängen hat. Da werden die Aeltern angebettelt vor Thee, dort vor Caffee; heute vor Zucker, morgen vor Schnupftabak, übermorgen vor Confect, und endlich müssen die guten Kinder, zur Stärkung ihres Magens, auch zu Zeiten gebrannte Wasser haben.

§. 43.

Von den Mannsklöstern insbesondere.

Mit den Söhnen geht es eben so, und man giebt den Mannsklöstern Schuld, daß sie keine Novizen annehmen, wenn sie nicht reich, oder von angesehenen Familien, oder gute Köpfe sind, welche das weltliche Interesse des Klosters merklich zu befördern Hoffnung geben. Es ist nicht zu beschreiben, was eben durch diese Aufnahme der neuen Ordensleute den Klöstern vor unsägliche Reichthümer zufließen. Man darf nur an die Summen denken, welche man desfalls in öffentlichen Schriften unsrer catholischen Mitchristen, von einer gar nicht zu langen Zeit, nur allein von der Stadt München berechnet hat.

§. 44.

§. 44.

Durch die neuen Klosterleute kommt das Geld unter den Layen aus der Circulation.

Wären die Kinder, die man versorgen wollte, nicht in das Kloster gekommen, so wäre das Geld, so sie eingebracht haben, unter den Layen geblieben, und nach mannigfaltigem Umlauf, durch den viele Tausende nach und nach ihr Brod gefunden hätten, von einem auf den andern vererbt worden; allein so ist dieses Vermögen der Layen auch wieder aus dem Gewerbe der Layen gezogen und nur dahin verwandt worden, um mit ihm, wie vorhin gedacht, auch noch das weitere Vermögen der Layen herbey zu angeln.

§. 45.

Durch die prächtigen Gebäude kommt wenig klösterliches Geld unter die Layen.

Kehre man sich nicht an die prächtigen Gebäude der Klöster. Sie sind nichts als Merkmahle ihres allzugroßen Ueberflusses und wohl gar ihres Uebermuths. Wollte man die Zellen und Hölen betrachten, worinnen die heiligen Stifter der Orden, unerkannt und

und in tiefer Andacht, Gott ergeben gelebt haben, o! was vor ein Unterschied würde sich da gegen die Paläste ihrer Jünger zeigen, welche königlichen Häusern Trotz bieten. Doch das gehört nicht zu meinem Endzweck. Ich bemerke nur, daß wenn diese geistlichen Herren bauen, sie ihren Bauleuten die Speise, den Trank, die Kleidung und hundert andre Nothwendigkeiten verkaufen, so, daß sie den Lohn, den sie mit der einen Hand ausgeben, mit der andern wieder einziehen, und folglich weiter nichts durch ihr Bauen verlieren, als was ihr Acker in einem oder zwey Jahren ertragen hat. Sie wissen dabey den Lohn so äuserst genau zu bedingen, daß, wenn der Bau fertig ist, der arme Handwerksmann und Taglöhner nichts vor sich gebracht und nichts gewonnen hat, als was er im Magen davon getragen, wo inmittelst er aber seine Zeit verlohren und seine Kräfte verschwendet hat, um einem kraftlosen Alter und dabey dem Bettelstande immer näher zu kommen. Das Verdienstliche bey denen dem Kloster erwiesenen Wohlthaten wird den guten Bauleuten so lebhaft vorgestellt, daß es ihnen genug ist, wenn sie nur eine sparsame Nahrung währendem Baues davon gebracht haben.

§. 46.

§. 46.

Alle Nothwendigkeiten ziehen die Klöster selbst.

Mit dem übrigen Aufwand der Klöster ist es eben so beschaffen. Ihr Brod, ihr Fleisch, ihren Wein, ihr Gartenwerk ziehen sie selbst auf den Gütern, welche sie von der frommen Hand der Layen bekommen haben. Ihre Kleidung ist einfach und schlecht, und die Wolle dazu ziehen sie meistentheils selbst. Ihre Handwerksleute sind im Kloster, unter dem Nahmen der Layen-Brüder; folglich ist durchaus kein Weg vorhanden, wo der dem Kloster immer zufließende Reichthum wieder in die Hände der Layen zurück fließen kann.

§. 47.

Die Absonderung und Entziehung der Klöster von dem Verband des Staats vermehrt die Last der Layen.

Selbst die Absonderung der Klöster von den Layen und von der übrigen Geistlichkeit, hilft vortrefflich zum Verderben der Layen. Im Geistlichen haben die Gotteshäuser sich den Bischöfen schon entzogen, und unter den Generalen ihres Ordens eine eigne Republik angerichtet, von welcher man sagt, daß sie

zu

zu, Zeiten den Päbsten selbst fürchterlich gewesen, und noch sey. Im Weltlichen aber bestreben sie sich nach allen Kräften, zur Erhaltung desjenigen Staats den sie vorzüglich aussaugen, und unter dessen Schutz sie leben, entweder gar nichts, oder doch so wenig als nur möglich ist, beyzutragen. Da wird wieder alle Last den guten Layen heimgeschoben, welche sodann doppelt bezahlen und oftmals unter der zu sehr beschwerten Bürde erliegen müssen; da sind die klösterlichen Hände auch in den größten Nöthen des Staats geschlossen.

§. 48.
Wie weit diese Absonderung, besonders in Teutschland, getrieben wird.

Finden die Klöster nur einige Möglichkeit, so werfen sie gar den Zaum und Gebiß über das Maul, kündigen ihrer Landesherrschaft, und sogar ihren Stiftern, den Gehorsam mit dem schnödesten Undank auf, sparen dabey weder List noch Kunst, unterstützen solche mit ihrem ungeheuern Gelde, machen sich einen günstigen Richter, führen langwierige Processe, ersehen einen günstigen Augenblick, um abermals, vermittelst des dem Layen entzognen Geldes, einen Vergleich zu erzielen, welcher sie ihre hochmüthigen Absichten, zum Aergerniß der lieben Christenheit, erreichen macht.

macht. Teutschland giebt hiervon mehr als ein Beyspiel, und sogar wütet hierinnen die klösterliche Geistlichkeit am meisten im gegenwärtigen Jahrhundert gegen ihre catholische Landesfürsten. Wo bleibt nun bey dieser Art zu thun und zu denken, bey diesen beständigen Trennungs-Absichten nur die mindeste Liebe zu den übrigen Layen, so dem Staat treu verbleiben; und die mit zwar öftern, doch geringern Wohlthaten den Bau des klösterlichen Uebermuths vollends hinaus geführt haben? Sollte man nicht glauben, es habe ein solches Kloster nie andre Gedanken, als so viel es nur immer möglich seyn kann, eine eigne Republik zu formiren, und dabey denjenigen Staat und dessen getreue Mitglieder am meisten zu hassen, dem es am meisten zu danken hat? Das so genannte ewige Evangelium, wovon man im zwölf= und dreyzehnten Jahrhundert so vieles zu reden und noch mehrers zu befürchten hatte, ist noch nicht vergessen. O! heiliger Francisce, heiliger Augustine, heiliger Dominice, heiliger Benedicte und heiliger Ignati Lojola, sehe an das abgeartete Betragen deiner Kinder, und erbarme dich über uns arme Layen.

§. 49.

§. 49.
Schädlichkeit der Bettel-Orden.

Doch, wir sehen ja eine Menge Klöster vor uns, welche eine freywillige Armuth Gott gelobt haben, und von allem entblößt, nur von dem Almosen der Layen leben. Aber diese Almosen? Es ist wahr, wir geben sie auch meistens gern, denn wir wissen, daß ausser dem das Verdienstliche davon hinweg fallen würde. Allein, wer da betrachtet, daß diese ehrwürdigen Väter bey aller ihrer Armuth besser leben als die allermeisten Layen; wer da erwägt, daß man, (ich will aber vor die Zahl nicht gut stehen,) an die neunmal hundert tausend Mann im Bettelorden zählt; wer da berechnet, was eine solche Zahl von Männern kosten würde, wenn sie nur als Soldaten mit täglichen zwey Pfund Brods und vier Kreuzern unterhalten würden; wer da berechnet, daß solches täglich eine Summe von Einhundert und zwanzigtausend Gulden, im Jahr aber eine Summe von drey und vierzig Millionen und achtmahl hunderttausend Gulden ausmacht; der wird leicht sehen, wie hoch es den Layen zu stehen kömmt, ein solch ungeheures Heer zu unterhalten, das in lauter gesunden, starken, und mit einem guten Appetit versehenen Männern besteht,

welche

welche anstatt Wasser guten Wein trinken, das beste Brod essen, und ihren Tisch alle Tage mit guten Fleischspeisen, die meiste Zeit über aber mit noch mehr kostenden Fischen und Fastenspeisen besetzen, anbey besondre Gewürz=und Lichter=Termine anordnen, und sich auch in die Wolle der Layen kleiden, deren Holz in der Küche und dem Speisesaal (Refectorio) verbrennen, auch zu ihren Kirchen= und Klostergebäuden das Geld, Holz und Baumaterialien durch Terminiren herbey bringen. Bey diesem Artikel, muß ich sagen, würde ich ganz kleinmüthig über das Schicksal der armen Layen werden, wenn mich die Liebe zu unserer christcatholischen Religion nicht aufrecht erhielte.

§. 50.

Immerwährende Vermehrung der Bettelmönche.

Was meine hierbey empfindende Sorgen und Kummer noch schwerer macht, ist, daß diese Klöster immer zunehmen. Ein Provinzial regiert nur drey Jahre. Ihm ist erlaubt so viel Novizen anzunehmen, als er will. Er nimmt nach Gefallen die, welche sich darstellen, und überläßt seinem Nachfolger, wie er seine Kinder ernähren will. Nun aber hat man noch nie gesehen, daß einer von diesen

neuen

neuen Geistlichen Hunger und Mangel gelitten hätte; die Häupter der Provinzien wissen sie endlich noch so zu vertheilen, daß sie alle gut ernähret werden. Aber wovon? Von der Layen ihren Tischen, wo nicht von dem Stückgen Brod, das diesen und ihren armen Kindern aus dem Munde gerissen wird.

§. 51.
Beschwerlichkeit der Mißionarien.

Diesen beschwerlichen Geistlichen werden auch die Mißionarien nicht unbillig beygezählt. Selbst verschiednen Bischöfen sind diese so verhaßt, daß man sie in ihren Diöcesen als geistliche Vaganten und Landstreicher tractirt, und sie entweder gar nicht, oder doch ungern duldet: allein, in andern Kirchsprengeln dürfen sie ihr Handwerk ohne Scheu treiben, die Buße predigen, Beichte hören, u. d. g. wobey sie denn allezeit von den Guttthaten der andächtigen Christen leben, und von denselben vor Indulgenzien und andre Dinge mehr, nicht geringes Geld zusammen bringen.

III. Ab-

III. Abschnitt.

Großer Aufwand der sterbenden catholischen Christen und nach ihrem Tode.

§. 52.

Kostbarkeit der guten Werke, welche der instehende Tod auspreßt.

Und so geht es uns armen Layen bey unserm Leben. Kommt es nun zum Sterben, denn geht es erst recht an. Die Uncatholischen glauben, daß der Augenblick des Todes entweder von der ewigen Seligkeit, oder von den Strafen eines gottlosen Lebens entscheidet. Wir catholischen Christen aber haben das Fegfeuer noch allezeit vor uns. O! was vor Ideen macht dieses bey dem vor der Thüre, ja vor dem Bette stehenden Tod? Man ist sich vieler Sünden bewußt; hat man sie gleich alle gebeichtet; hat man sie gleich nach der Auflage des Beichtigers gebüßt; hat man gleich noch sonst gute Werke gethan; so wissen wir doch alle, daß dieses bey weitem nicht im Stande ist, die Furcht vor diesem Feuer, dem niemand von uns entgehen kann,

zu

zu heben. O! wie bricht da die Angst in der Stunde des Todes aus, und wie sucht man da noch zu helfen, wo nur zu helfen ist. Wie kann aber solches anders als durch gute Werke und durch die Vorbitte bey Gott und den Heiligen bey dem heiligen Meßopfer für die Verstorbenen geschehen? Wie können aber in der letzten Stunde andre gute Werke, als durch Almosen, milde Stiftungen und Gaben an die liebe Geistlichkeit geschehen?

§. 53.
Die Furcht vor dem Fegfeuer unterdrückt die heftigste natürliche Liebe gegen Frau und Kinder.

Und wie leicht ist es, freygebig zu der Zeit zu seyn, wo man sein Gut wegen instehendem Tode nicht mehr brauchen kann; wie sehr wird die Liebe zu der geliebtesten nun bald zu einer betrübten Wittwe werdenden Ehegattinn, und denen dem Waisenstand so nahen Kindern, durch die Furcht vor den tausendfältigen Qualen, der Angst und dem immer wiederholten Tode des einen jeden Christen so grausamen Fegfeuers unterdrückt, um nicht alles dran zu wagen; damit man dieser so heissen Reinigung je eher je besser los werde? Da giebt es Almosen, da giebt es Stiftungen vor die Kirchen, Geistliche und Klöster;

und

und was das meiste ist, da giebt es heilige Seelmessen zu vielen tausenden, wenn der Beutel des reichen Schlemmers so viel vermag. Da giebt es Jahrgezeiten und andre dergleichen heilige Mittel, um den armen Seelen zu helfen. Ja man denkt dabey oftmals nicht nur an sich selbst, sondern auch an seine Vorfahren, indem man weiß, daß man aus sündlichem Saamen gezeugt ist, und unsre Mütter uns in Sünden empfangen haben: Pro remedio animæ meæ & uxoris meæ, patris & matris, soceri & socrus, avi & aviæ & omnium antecessorum, heißt es; zu einem leibigen Mißtrost, daß das Fegfeuer viele Glieder der Geschlechtsreihe hindurch immerfort quälend brennt.

§. 54.

Guter Zustand der sterbenden Protestanten.

Sehen wir hingegen die Uncatholischen, und besonders die Lutheraner und Calvinisten, so spotten dieselben über das Fegfeuer; sie erwarten ruhig der Stunde des Todes, und wenn sie ihre Sünden von Herzen bereuet, auch drauf sich in die Verfassung gesetzt haben, welche den Nahmen einer wahren Besserung des Lebens verdient, alsdenn verlassen sie sich

bloß

bloß auf die Barmherzigkeit Gottes und das Verdienst Christi. Sterbend loben sie Gott vor alle seine Wohlthaten, und sehen mit Verlangen und Zuversicht der frohen Stunde entgegen, wo die Seele vom Leib erledigt, zu den höchsten Erkenntnissen und unbeschreiblichen Begriffen gelangt, und dadurch der vollkommensten Glückseligkeit fähig wird. Betriegen sie sich, und finden sie dennoch ein Fegfeuer vor sich, so behalten sie doch ihr Geld, und brauchen ihre Wittwen und Waisen nicht zu guter letzt um ihr Vermögen zu bringen: betriegen sie sich aber nicht, wie denn ihre freudige Zuversicht und ihre Entschlossenheit auf dem Todbette, schon manchen catholischen Christen einen großen Zweifel eingejagt hat, so sind sie doppelt glücklich und glückselig.

§. 55.

Kostbare Gebäte bey erfolgtem Tode; kostbares Begräbniß an heiligen Stellen.

Ist nun der Kranke verschieden, alsdenn gehen die Gebäte und die heiligen Messen gleichbald an. Da muß ein Ordensgeistlicher, oder gar mehrere, sogleich bey dem todten Leichnam bäten, essen, trinken, und sich von den Erben bezahlen lassen. Drauf folgt das Begräbniß und die Exequien; alles kostet Geld; zumahl wenn der Verstorbene etwa ein besondres Vertrauen auf dieses oder jenes Kloster gesetzt hat, um sich in demselben begraben zu lassen, und durch die Gemeinschaft mit den etwa daselbst liegenden Heiligen, wie auch durchs Gebät der Geistlichen, seiner Seele Ruhe zu verschaffen.

§. 56.

Kosten, welche die Gespenster verursachen.

Wie oft aber lehrt nicht die Erfahrung, daß aller dieser geistlichen Mittel ungeachtet, der Geist des Verstorbenen doch noch auf der Erde herum wandert, und, unruhig vor sich selbst, die Hinterbliebenen in der Gestalt eines Gespensts beunruhigt. Wer kann das Anliegen errathen, welches die arme Seele nicht zur Ruhe kommen läßt, sondern sie in die verhaßte Reihe der Gespenster versetzt? Doch wem ist nicht bekannt, was nicht unsre lieben Ordensgeistliche, besonders die Franciscaner und Capuciner vor Verdienste hierinnen haben? Sie verstehen die Sprache der Geister, und können sie zum Reden nöthigen, wenn sie sich stumm anstellen. Die Geister entdecken ihnen alsdenn ihr Anliegen; aber anders nicht,

nicht, als wenn sie mit ihnen allein sind. Diese ehrwürdigen Väter geben daher getreulich an die Hand, was noch vor gute Werke nöthig seyen, um der armen Seele Ruhe zu verschaffen, und wer wollte nicht den letzten Heller daran wenden, um ihr zu helfen. Ist aber der Geist gar zu bös, so wissen gedachte Väter auch das Rauhe heraus zu wenden, und einen solchen Geist hinweg und an einen andern Ort zu tragen, wo er den Erben nicht mehr beschwerlich fallen kann; wovor sie denn auch billig belohnt werden.

§. 57.

Worüber die Protestanten lachen.

Betrachten wir aber auch hierbey die Uncatholischen, und besonders die oben benannten Secten, so scheuen sie sich nicht, besonders seit diesem Jahrhundert, über alle Gespenster zu lachen und zu spotten, und wenn etwa einer unter ihnen davon noch etwas halten wollte, so wird er gewiß mit dem Tittel eines alten Weibs oder eines hypochondrischen Narren belegt, und sie haben in diesem Unglauben ihre Hartnäckigkeit so weit getrieben, daß man in der That niemand unter ihnen findet, der ein Gespenst gesehen oder gehört zu haben vorgiebt,

giebt, als der mit allem Recht entweder in die Zahl der alten Weiber oder Narren gehört. Auf diese Weise werden sie von keinen Geistern beunruhigt, und sie behalten ihr Geld abermal in der Tasche. Sie sind anbey, wenn sie eine wahre Reumüthigkeit über ihre begangenen Fehler spüren, auf die Gnade Gottes als des allgütigen Schöpfers und auf das Verdienst Jesu Christi so stolz, daß sie allen Besorgnissen nach dem Tode Trotz und Hohn sprechen, und daß sogar das Wort; eine arme Seele, ihnen, ausser dem Fall der ewigen Verdammniß, unerträglich ist.

IV. Ab=

IV. Abschnitt.
Versäumniß der Zeit bey dem catholischen Gottesdienst.

§. 58.
Zeitversäumung, so der catholische Gottesdienst verursacht.

Nun haben wir denn den grossen Unterschied zwischen uns und den Protestanten in Ansehung des unerschwinglichen Geldaufwands gesehen, welchen wir bey unserm Gottesdienst und demjenigen, so damit verknüpft ist, machen müssen. Darinnen aber bestehet nicht die einzige Ursache des Wohlstands, welchen die Protestanten und andre Uncatholische vor uns haben; sondern es ist auch derselbe aus der sehr beträchtlichen Zeitversäumniß herzuleiten, welche uns durch unsre gottesdienstlichen Uebungen verursacht wird.

§. 59.
Viele Feyertage sind schädlich.

Die Protestanten feyern nur die Sonntage, das Fest der Weihnachten, Ostern und Pfingsten, jedes mit zween Tagen. Das Fest der

Beschneidung und der Himmelfahrt Christi jedes mit einem Tage, und damit ist es aus: Denn obgleich einige von den Lutheranern auch die Aposteltage feyern, so sind doch diese Feyertage an den meisten Orten abgeschafft, und die Calviulsten und Zwinglianer haben sie nie gefeyert. Rechnen wir aber unsre Feyertage, wie viele sind deren nicht? Da müssen wir nun auf alle Sonn= und Festtage, bey Vermeidung einer Todsünde, eine heilige Messe hören, folglich zur Kirche gehen; und den ganzen Tag über dürfen wir nicht ar= beiten.

§. 60.

Tägliches Kirchengehen ist schädlich.

Wer aber auch fromm ist, er sey Mann oder Frau, der hört alle Tage eine heilige Messe, kleidet sich an, geht in die Kirche; bey der Nachhausekunft legt er seine Haus= kleider wieder an, und wie oft geschieht es nicht, daß die Frau bey der Frau Base, der Frau Gevatterinn, der Frau Nachbarinn u. d. g. stehn oder sitzen bleibt, um die Neuigkei= ten der Stadt einander zu hinterbringen, und da geht denn der Vormittag, als die beste Zeit des Tages vorbey. Ist man auch ein= mal aus einer zusammenhangenden Arbeit heraus gerissen worden, alsdenn ists schwer,

sich

ſich ſogleich wieder in das Geſchirr zu legen, und den vorigen Faden zu finden.

§. 61.
Durch Wallfahrten gehet viele Zeit verlohren. Neue Wunder, neue Heilige, u. d. g.

Unſre Wallfahrten koſten ebenfalls Zeit. Die Reiſe hin, die Reiſe her, und der Aufenthalt an dem Ort, kann nicht ſo geſchwinde geſchehen, daß nicht mehrere Tage darüber verlaufen. Geht es weit, z. E. nach Marien Einſiedel, nach Loretto, nach Rom, nach Czenſtochow und dergleichen Orte, alsdenn muß man bis zur Wiederkunft mehrere Wochen und Monate rechnen. Unſre Proceßionen koſten uns auch immer einen oder mehrere Tage. Kommt es bey den Büßenden zur Geißelung, ſo gerathen ſie dem Wundarzt unter die Hände, und mittlerweile arbeiten ſie nichts. Giebt es neue Wunder in unſrer Kirche, und ſtirbt jemand in odore ſanctitatis, alsdenn laufen wir alle hinzu, und verſäumen abermal die Zeit.

§. 62.
Die Proteſtanten arbeiten hingegen ununterbrochen.

Der Proteſtant aber arbeitet an einem Stück fort, und ſein Geſchäfft wird nicht unterterbrochen. Ist es eine Arbeit, welche im Felde oder sonst unter freyem Himmel geschehen muß, alsdenn profitiren sie vom schönen Wetter, ohne daß sie nöthig haben, beym Sonnenschein in die Kirche zu gehen, sich von der Arbeit zu enthalten, Wallfahrten zu thun und dergleichen, bey dem Regenwetter aber ihr Heu und ihre Aernde einzubringen. Sie haben nicht nöthig, bey versäumter guter Zeit und Witterung liegen gebliebene Geschäffte entweder zu späterer und untauglicher Zeit nachzuholen, oder sie mit Uebereilung und unvollständig zu verrichten, folglich auch nur unvollkommnen Nutzen davon zu haben.

§. 63.

Versäumen weder Zeit noch gute Witterung.

Fronte capillata est, posthæc occasio calva, heißt es wohl recht bey dem Ackersmann. Ist die gute Witterung, ist die bequeme Stunde vorbey, so ist der Schade meistens unwiederbringlich. Wie oft wiederfährt es uns, daß wir mit den Uncatholischen lange auf einige Sonnentage warten müssen, um unsre Feldgeschäffte zu verrichten; treten denn solche Tage ein, alsdenn machen jene sie sich augenblicklich zu Nutze, wir aber müssen nicht selten in die Kirche und unsre müßigen Hände

in

in einen frommen und hungrigen Schoos legen. Wie oft seufzt man nach einen gedeihlichen Regen, um gleich nach demselben gewisse Pflanzungen und Arbeiten zu verrichten. Sendet Gott denselben vom Himmel, alsdenn sollte man einmal den muntern Fleiß und die emsige Bewegung der Protestanten sehen, während daß ein abermaliger Feyertag uns wieder nöthiget, den günstigen Augenblick unbenutzt vorbey gehen zu lassen. Wie oft müssen wir nicht bey großen Gebäuden beobachten, daß die Maurer und Zimmerleute an den schönsten Tagen in die Kirche oder mit der Procession gehen müssen, und daß sie dabey durch die Andacht eben so, als wir, durch die hernachmalige Regentage müßig gestellt werden.

§. 64.

Berechnung des Schadens, welchen die Feyertage den Catholicken verursachen.

Betrachte man einmahl ein Land, das aus 30,000 Familien besteht. Rechne man daß in demselben niemand etwas verdient als der Hausvater, in jedem Hause aber nur ein erwachsenes Kind, Geselle oder Knecht halb so viel als der Hausvater, und die übrigen Hausgenossen alle nichts. Setze man den

Verdienst des Hausvaters, einen in den andern gerechnet, nur auf 20 Kreuzer, und den Verdienst des Kindes, Gesellen oder Knechts nur auf 10 Kreuzer, so beträgt ein einziger Feyertag bey uns einen Schaden von 15,000 Gulden, welches vor ein Land von einer so mittelmäßigen Größe gewiß ein beträchtliches ist. Wenigstens haben wir nun dreyßig Feyertage mehr als die Protestanten, folglich haben wir da einen zuverläßigen Schaden von vierhundert und funfzigtausend Gulden. Rechne ferner, daß auf die Tage, welche keine Sonn- oder Feyertage sind, täglich durch unser Kirchengehen und dergleichen Uebungen nur eine Stunde versäumt wird; rechne solcher Tage in einem Jahr nur 240, so betragen solche Stunden, wenn man auf einen Tag zur Arbeit 12 Stunden rechnet, bey jeder Familie 20 Tage, folglich nach jener Berechnung einen Verlust von 10 Gulden. Multiplicire solches mit der Zahl der 30,000 Familien; so verliehrt das zum Beyspiel genommene Land wieder jährlich dreymal hunderttausend Gulden. Zween Artikel, welche viel ein mehrers betragen, als der Landes-Fürst von den Unterthanen unmittelbar zu erheben hat; denn obgleich ein Land von 30,000 Familien, wenn man es nach den teutschen Fürstenthümern berechnet, dem Landesherrn weit mehr als

750,000

750,000 Gulden einträgt, so wird man doch schwerlich eines finden, wo ein Unterthan in den andern, dem Fürsten jährliche 25 Gulden aus seiner Tasche entrichtet. Die grössern Renthen kommen theils von den Domainen der Fürsten, als Kammergütern, Mühlen, Zehenden, Zinsen, Gülten, Forsten und dergleichen, theils aber von den Regalien her, als Zöllen, Weg- und Brückengeldern, Jagden, Fischereyen, Bergwerken und deren mehrern.

§. 65.

Diese Berechnung wird gerechtfertigt.

So einen großen Unterschied nun, als es zwischen uns und den Protestanten macht, daß diese durch die wenigern Feyertage ein mehreres gewinnen, als sie dem Staat zu entrichten haben; so leicht wird man finden, daß meine Rechnung noch sehr gering ist, und bey weitem nicht an dasjenige reicht, so eine Haushaltung in die andre den Tag über verdient. Dreyßig Kreuzer des Tags, vor eine Familie in die andre, ist ein solches Geld, dessen Unhinlänglichkeit gleichbald daraus zu ersehen ist, daß wenn eine Haushaltung in die andre nicht mehr verdiente, es nicht möglich wäre, den Mann, das Weib, die Kinder und das Gesinde, den Werktag, Sonn- und Feyertag

über

über damit so zu ernähren, wie es wirklich geschieht. Ich habe den bloßen Taglohn eines Mannes und einer Frau gerechnet. Was verdient aber ein Handwerksmann, der oft zwey, drey, sechs, acht, zehn, funfzehn, zwanzig und mehrere Gesellen hat? Von Maurern und Zimmerleuten, von großen Fabriken und dergleichen, wo dergleichen Arbeiter hundertweis anzutreffen sind, nicht einmal zu gedenken.

§. 66.

Lüderlichkeit, welche aus den vielen Feyertagen entsteht.

Noch eines Umstands aber muß ich bey allen diesen erwähnen, der mir das Herz gewiß schwer macht. Es ist dieses die Lüderlichkeit, welche bey uns, eben über die vielen Feyertage einreißt. Man weiß, daß man auf die Feyertage überhaupt ein wenig besser lebt als auf die Werktage. Dieses trifft alle Familien. Man weiß, daß man sich auf solche Tage auch besser kleidet, als ausser denselben; folglich gehn die guten Kleider eher zu Grunde, und dieses kostet wieder Geld. Aber alles dieses wollte ich gern verschweigen, wenn man nur nicht gewohnt wäre, den Nachmittag des Feyertags in den Wirthshäusern zuzubringen, und, um recht lüderlich seyn zu dürfen,

dürfen, gar an andre Orte hinzulaufen, wo sodann die Menge derjenigen, welche einerley Geistes sind, sich unter einander zum Schlemmen und Verthun aufmuntern, und vom Trunk zum Tanz, vom Tanz zur Hurerey, von der Hurerey zum Ehebruch; oder, wo nicht zu diesen Lastern, doch zu Händeln, zu Schlägerey und dergleichen, wenigstens aber zu schädlichen Spielen verleitet, wo es hernach beym Beichtvater wieder Unkosten zu guten Werken, oder bey den verschiednen Arten der aufgelegten Buße Zeitversäumniß, bey dem gestrengen Herrn Amtmann aber Geldbußen, Einthürmung und dergleichen Dinge absetzt, welche der Frau und den Kindern oftmals mehr empfindlich sind, als demjenigen, der unmittelbar in Strafe genommen wird.

§. 67.

Diese Lüderlichkeit nimmt immer zu.

Ist der Mann einmahl in das Ludern gekommen, alsdenn ists schwer ihn sogleich wieder heraus zu bringen. Den andern Tag ist man über den gehabten Rausch verdrießlich, der Kopf thut weh, und man mag nicht arbeiten. Wie oft sucht man nicht darüber den Weg zum Wirthshaus wieder, und sucht sich mit dem zweyten Rausch zu helfen, der nicht gar zu selten den dritten nach sich zieht.

§. 68.

§. 68.
Erläuterung durch die blauen Montage der Handwerksleute.

Wir kennen ja die blauen Montage unsrer Handwerksgesellen. Wie oft heißt es bey ihnen, daß auch der Dienstag sey blau gemacht worden? Nun nehme man noch dreyßig Feyertage, die wir mehr haben als die Protestanten, und rechne, daß diese einen, ja nur einen halben Tag des Müßiggangs nach sich ziehen, was ist das abermals vor eine Versäumniß, wenn man das ganze Jahr berechnet? und wie vieles Geld wird den ordentlichen Nahrungs= und Haushaltungs=Ausgaben entzogen, das in den Wirthshäusern und auf andre lüderliche Art verschwendet wird.

§. 69.
Die Wallfahrten machen sehr lüderlich.

Insonderheit sind die Wallfahrten sehr unglückliche Mittel, um lüderliche Leute beyderley Geschlechts zu ziehen. Ich habe nicht nöthig solches mit Exempeln zu bestätigen, da die Wahrheit meines Satzes vor unsrer aller Augen liegt. Auf dem Rückwege von der Wallfahrt bekommt mancher eine solche neue Rechnung zum Beichtstuhl, daß es gut wäre,

er

er nähme nur gleich bey seiner Nachhause=
kunft den Weg nach dem Gnadenbilde wieder
unter die Füsse: Wie aber die Haushaltung,
das Gewerbe und die Mittel der Nahrung
damit bestehen werden, das ist eine andre und
solche Frage, die sich wohl von selbst ent=
scheidet.

§. 70.

Die Carnevals = Lustbarkeiten sind
schädlich.

Daneben haben wir noch besondre und
zwar privilegirte Lustbarkeiten, welche wohl
am wenigsten dienen, um die Ordnung einer
guten Haushaltung zu behaupten. Ich rede
hier von dem Carneval, wo man binnen der
Zeit von dreyen Königen biß zu Fastnacht al=
les mögliche hervor sucht, was nur zu einem
lustigen, üppigen und verschwenderischen Le=
ben dienen mag. Man darf nur in eine mit=
telmäßige Stadt unter uns zu solcher Zeit ge=
hen, denn wird man schon finden, daß die
Leute kaum halb brauchbar sind.

§. 71.

Die Fasten=Andachten können diesen
Schaden nicht heilen.

Haben sie nun auf Fastnacht, wo auch
der ärmste Bauer mit seinem Weibe, Kindern
und

und Gesinde sich recht ausgelassen erzeigt, den höchsten Grad einer rasenden Tollheit erlangt, und haben sie mit Essen, Trinken, Spielen, Tanzen, Springen, allerhand Maskeradenkleidern und sonst in andern Wegen, welche der Leichtsinn und ein verwerflicher Kitzel an die Hand giebt, den Beutel ganz und gar, und oft zum voraus, auf viele Zeit gesetzt; so werden sie zwar mit ein wenig Asche und dem bekannten pulvis & umbra sumus, wieder geheilt; allein der einmal geleerte Beutel wird dadurch nicht wieder gefüllt, und man verfällt zugleich in die übertriebne Andacht der Fasten, und der Unterschied zwischen Fleisch und Fisch ist nicht so groß, als das äuserste einer unbändigen Lust-Raserey, und eines auf einmal in die Finsterniß eines Büßenden verfallnen Fastengesichts.

§. 72.

Anmerkungen wegen der Protestanten in Ansehung des Carnevals.

Daß aber diese durch eine herzliche und treugemeynte Sinnesänderung keine Besserung mit sich führen, und also nur angenommene Gestalten seyen, ergiebt sich daraus, daß es im folgenden Jahr von neuem so gehet, wie im vorigen, und daß der Vater die privi-

privilegirte Lüderlichkeit eben so auf seine Kinder vererbt, wie er sie vom Großvater, als ein Erbstück des Urgroßvaters, und dieser sie gleichunglücklich von weitern Vorfahren in einer so langen Reihe erhalten hat, die endlich in die Bacchanalia des blinden Heldenthums führt, die wohl nie unsrer heiligen Kirche eine Ehre machen. Lauter Dinge, die bey den Protestanten gänzlich unbekannt seyn würden, woferne man in neuern Zeiten auch bey ihnen unsre Thorheiten an einigen Höfen nicht nachzuahmen blos um deswillen beliebte, weil es Thorheiten sind, die bey ihnen noch das Zeichen der Neuheit an sich haben. Doch werden diese Thorheiten bey den Protestanten niemals Wurzel fassen; ja man sieht schon, daß sie bey ihnen den meisten Geschmack verlohren haben, und nur noch an einigen wenigen Orten, blos mit einem und zumahl sehr schwachen Flügel fliegen.

―――――

E V. Ab

V. Abschnitt.

Mangel guter Policey bey den Catholischen überhaupt und wegen des Bettelns insonderheit.

§. 73.

Weitläuftige Kenntnisse der Protestanten.

Je mehr ich aber unserm Schicksal nachdenke, desto düsterer wird die Finsterniß, in welche sich meine betrachtende Aussichten hoffnungslos verwickeln. Ich habe schon oben erwähnt, daß den Protestanten die Freyheit zu denken ohne einige Gränzen zustehe, und daß sie dißfalls alle nur mögliche Mittel an Lehrern, an Büchern, an Schriften, an Beyspielen und sonsten, sehr erwünscht zur Hand haben, und ihre Fürsten, ihre Ministers, ihre Räthe, Beamte und Lehrer, ja daß ihr ganzes Volk nach dieser denkenden, erfindenden, überlegenden und nachdrücklich würkenden Kraft gebildet worden.

§. 74.

§. 74.
Wie sich dißfalls die catholischen Staaten verhalten.

Dahero kann es nicht fehlen, daß ein jeder sich dieser Freyheit glücklich bedient, und sich über alle Vorurtheile erhebt; daß immer einer die Erfindung des andern verbessert, und daß ihre Ministers ganze Systeme der Regierung auffstellen, um den Staat glücklich zu machen, wo inmittelst man an unsern Höfen vier Siebentheile der Zeit mit Andachten, zwey Siebentheile mit Ceremonien und Belustigungen, und nur ein Siebentheil mit Staatsgeschäfften, und zwar solchen Staatsgeschäfften zubringt, welche meistens nur zur Vergrösserung des Fürsten, ohne Absicht auf das Wohl der Unterthanen abgesehen sind. Seitdem ich die ganz verschiednen Maximen der Protestanten hierbey einzusehen Gelegenheit gehabt habe, kann ich ohne Schauern nicht daran benken, daß ein gewisser Minister einmahl den Unterthanen seines Fürsten bey einer beträchtlichen Gelegenheit ins Gesicht sagte: Ob sie denn glaubten, daß er Pflichten vor die Unterthanen habe? Hätte er solches uncatholischen Unterthanen gesagt, so würden diese vielleicht die dreiste Antwort ertheilt haben: Ob er denn glaubte, daß Unterthanen Pflichten gegen einen Fürsten haben könnten, der keine Pflichten gegen die Unterthanen kennte? und, ob ein Minister nicht die Pflichten seines Fürsten auf sich habe, da er diesem nur ein Gehülfe in Ausübung seiner Pflichten seyn sollte?

§. 75.

Regierungs-Maximen der Catholischen.

Die ganze Beschäfftigung unsrer Obrigkeiten bestehet darinne, daß die Renthkammern ewig arbeiten, um immer Plus zu machen, und den Unterthanen noch den letzten Blutstropfen auszupressen, den ihnen ihre und ihrer Vorfahren Andacht nebst der klösterlichen Geistlichkeit gelassen hat. Die Regierungscollegien aber beschäfftigen sich nur, nebst den Beamten, die sogenannte Justiz zu verwalten, wobey denn über Unrichtigkeiten, Verschweifung, Sportelsucht und andre Dinge, nur zu vielfältig geklagt wird, und derjenige mehrentheils in Verfall seiner Nahrung gelangt, der das Unglück hat, einen Rechtshandel, nur von mittelmäßiger Beträchtlichkeit, zu bekommen. Daher kommts, daß die Leute so in Aemtern stehen, bey beständigem Saußen, Schmaußen, und Wohlleben, doch mehrentheils reich werden. Dahero ists kein Wunder, daß ein jeder elender Amtsschreiber sich brü-

brüstet, einen rechtschaffnen Handwerksmann und braven Bauren kaum über die Achseln ansieht, und bey jedem Gebote, ja bey jedem Schritt und Tritt ihm seinen Sclavenstand bemerklich und empfindlich macht.

§. 76.

Treffen keine Anstalten zum Besten des Staats.

Anstalten, zum gemeinen Besten und zur Beförderung des Nahrungsstands der Unterthanen, sieht man nicht, sondern es wird ein jeder seinem Schicksal überlassen, dahero denn auch unter dem gemeinen Mann bey uns ein so niedergeschlagenes und muthloses Wesen herrscht, daß man fast nicht hoffen darf, er werde sich jemahls darüber erheben, und sich thätig als ein Volk erweisen, das der Geist der Freyheit belebt.

§. 77.

Beschwerlichkeit des Bettelns in catholischen Ländern.

Man nehme nur den einzigen Artikel des Bettelns vor die Augen. Alles bettelt bey uns, wo hingegen in wohlgeordneten Ländern der Protestanten man eben so selten einen Bettler findet, als in den Häusern vornehmer Leute eine Spinne. Woher kommts?

Nicht allein von vorhingedachten Ursachen, welche den größten Theil des Volks in Armuth stürzen, sondern auch daher, daß wir das heilige Almosen vor eins der vornehmsten unter den verdienstlichen Werken halten, und keine Obrigkeit ist, die vor den Unterhalt der Armen und vor die Bestrafung der muthwilligen Bettler sorgt.

§. 78.
Mißbrauch des Almosengebens.

Mich deucht aber, wir verstehn die Lehre von dem heiligen Almosen so wenig, daß derjenige nicht ganz zu tadeln ist, der schon vor mehr denn hundert Jahren ein Büchlein, das verfluchte heilige Almosen genannt, mit patriotischer und policeymäßiger Feder beschrieben hat. Wahr ists, und Christus der Herr bestätigt durch seine heiligste und göttliche Lehre die Säze der Vernunft, welche die Menschen dergestalt unter einander verbinden, daß man alles mögliche thun muß, um den Nothleidenden zu helfen: allein das bloße Almosengeben hilft nur auf eine ganz kurze Frist; das Vermögen der Gebenden reicht nicht hin, die Bettler zu ernähren und man ist auch nicht schuldig dazu, weil es noch andre Mittel giebt, um ihnen Unterhalt zu verschaffen; ja man versündigt sich sogar gröblich durch solches Almo-

Almosengeben, weil dadurch die Bettler zum Müssiggang angewöhnt, und hernach nur dem Strang zugezogen werden.

§. 79.
Uebelstand des Bettelns vor den Kirchen.

Was hilfts doch, wenn unsre fromme Seelen vor den Kirchthüren einer Menge Bettelleuten Almosen austheilen? Welch ein heßlicher Anblik ists, die Kirchthüren mit einem eckelhaften Schwarm von allerley Bettlern belagert zu sehen? Wie sehr bedauern es rechtschaffne Policeymänner unter den Uncatholischen, daß in unsern Städten ordentliche Processionen von Bettelleuten von allerley Alter und Geschlecht herumgehen, um Almosen zu sammeln, und daß sie dabey den heiligen Rosenkranz nicht aus Andacht, sondern als eine zum Betteln gehörige Ceremonie bäten? Wie sehr werden wir darüber getadelt, daß auf allen Gassen und Straßen, ja sogar auf dem freyen Felde, man von Bettlern angefallen wird, die mit ihrem ungestümen Anhalten immer ein Almosen erpressen, welches wohl selten aus der Absicht Almosen zu geben, sondern nur aus Ungedult, um eines verdrießlichen Plaggeists los zu werden, gereicht wird? Was vor ein Spectakel ists endlich, wenn man

man vor die Thüren derjenigen Klöster hinsieht, welche sich eine Pflicht daraus machen, den Bettlern Speise zu geben? Da sieht man ganze Sammlungen von allerley Bettlern, besonders von Strolchen, Landfahrern, Müssiggängern, Spitzbuben, Räubern und Mördern. Alle diese werden durch dergleichen sogenannte Wohlthaten genährt, gemehrt und herbey gezogen.

§. 80.
Die Protestanten halten allerdings viel auf gute Werke. Versorgen ihre Armen sehr wohl.

Wir geben den Protestanten Schuld, daß sie nichts auf gute Werke halten; sie läugnen dasselbe und preisen die guten Werke auf eine solche Art, daß es nicht unwahrscheinlich ist, es beruhe hierinnen unser Streit größtentheils auf einem unrichtigen Wortbegriff. Es sey aber dem wie es wolle, so können wir doch wenigstens nicht läugnen, daß sie dasjenige würklich thun, was wir gute Werke nennen, und daß sie solches mit weit besserm Erfolg thun, als wir: denn wir sehen, daß sie nur wenige Armen haben und daß diese insgesammt nothdürftig versorgt sind. Sie legen Waisenhäuser an, und in diesen werden die verwaisten und mittellose Kinder erzogen,

und

und nicht allein im Christenthum, Lesen, Schreiben und Rechnen, sondern auch in andern Wissenschaften unterrichtet, zur Arbeit angehalten, zu Handwerkern und Profeßionen gebracht, folglich des Bettelns überhoben, des Müßiggangs entwöhnt und zu nützlichen Gliedern des Staats heran gezogen. Vor alte oder kranke, oder preßhafte Erwachsne, so zum Arbeiten keine Kräfte mehr haben und mittellos sind, haben sie Spitäler, in welchen man solche Leute bis an ihr Ende ernährt. Vor erwachsne Arme aber, welche arbeiten können und nicht wollen, haben sie Arbeits- und Zuchthäuser, worinnen sie eingesperrt, mit mäßiger Kost ernährt und zur Arbeit mit Strenge angehalten werden; dahero es in protestantischen Landen sehr gefährlich ist, einen Landfahrer und Strolchen abzugeben, oder eine lüderliche Haushaltung zu führen, das Seinige durchzubringen, und hernach andern Leuten zur Last zu fallen.

§. 81.
Fehler der catholischen Hospitäler.

Es ist wahr, wir haben bey uns auch Spitäler; es sind solche durch die frommen Stifter und andre rechtschaffne Christen sehr reichlich begabt worden, und würklich werden auch hin und wieder viele Leute darinnen erhalten:

hatten; allein bald sollte man sagen, es seye besser, wir hätten solche Spitäler gar nicht: denn ihre Einwohner sind mehrentheils lüderliche Haushalter, welche das Ihrige im Müßiggang und mit Schwelgerey verthan haben und hernach im Spital eine sehr angenehme Freystätte gegen die Armuth finden, das eine gerechte Strafe in einem Arbeits oder Zuchthaus nach sich ziehen sollte, und in protestantischen Ländern solche auch ohnfehlbar nach sich ziehen würde. Bey uns aber haußt das lüderliche Volk ordentlich auf das Spital los und sagt öffentlich: ey, wenn ich das Meinige verthan habe, alsdenn ist mir das Spital noch gut genug: und eben dieses ist die Ursache, warum Mirabeau und andre gegen die Hospitäler in Frankreich so unendlich viel einzuwenden haben, wie man denn nicht läugnen kann, daß die sonst witzige Franzosen bey ihren Spitälern die Fehler noch meistentheils haben, welche unsern Stiftungen gleicher Art den Entzwek gänzlich verfehlen lassen, und anstatt der Armuth und der Lüderlichkeit abzuhelfen, dieselbe nur beträchtlich vermehren.

§. 82.

§. 82.

Versorgung der Armen ausser den Hospitälern.

Da auch die Umstände gewisser Armen so beschaffen sind, daß es nicht nöthig ist, sie sogleich in Waisenhäuser und Spitäler zu bringen; so haben die Protestanten in ihren Landen, so von einiger Beträchtlichkeit sind, die vortrefliche Anordnung, daß eine jede Stadt, Marktflecken und Dorf, seine so geartete Armen selbst ernähren muß. Hierdurch wird denn dem Betteln ganz abgeholfen und es wird keinem Ort schwer, seine Armen zu ernähren; weil er von dem Anlauf andrer Armen und Bettler ganz befreit bleibt. Uebrigens werden die Dörfer Wege und Strassen fort und fort von gewissen dazu bestellten Reutern oder Fusgängern visitirt, damit sich ja kein Landstreicher oder andrer Bettler einschleiche, und diejenigen, welche sich hernach diese Missethat zu Schulden kommen lassen, sogleich in die Gefängnisse geliefert werden, wo sie denn in den Zuchthäusern, bey dem Festungsbau oder sonst ein solches Gedenkzeichen bekommen, daß ihnen die Lust vergeht, das nehmliche Land wieder zu betreten, und daselbst dem Müßiggang und Betteln nachzuziehen.

§. 83.

§. 83.

Warum in protestantischen Ländern so wenig gestohlen wird?

Eben dahero geschieht es auch, daß in den protestantischen Ländern so wenig von Einbrüchen, Diebstählen, Räubereyen, Spitzbubenbanden und dergleichen zu hören ist; wohingegen wir Catholische leider dieses alles unter unsre gewohnte Landplagen zählen. Mit dem Hängen, Köpfen, Rädern, Staupbesen geben und dergleichen, welches bey uns fleißig genug geschiehet, ists nicht ausgemacht, sondern man muß, wie die Uncatholischen, dem Baum die Art an die Wurzel legen, dem Müßiggang und dem Betteln steuern, und nicht beyden wie wir thun, mit unsern unüberlegten Almosen Thüren und Thore öffnen, und ihm die kräftigste das allgemeine Wohl aber so bedauerlich kränkende Nahrung geben. In Summa, die ganze Verfassung unsers Almosengebens ist nichts nütze.

§. 84.

Nothwendigkeit der Ordnung, wobey gute Werke allerdings Platz haben.

Geist= und weltliche Obrigkeiten sollten mit aller Macht sich bemühen, um hierunter gute

gute Ordnung einzuführen. Ist dieses geschehn, denn haben unsre fromme Christen rechte gute Gelegenheit, um mit ihren Almosen sich einen gedoppelten Verdienst zu erwerben: denn hiernächst sind ihre Almosen nicht bloß und allein, in der Absicht ein gutes Werk, sondern auch im Erfolg; wohingegen jetzo die meisten Almosen im Erfolg höchst schädlich und fast unverantwortlich, und nur in der frommen Absicht gut sind.

§. 85.

Das Betteln vor den Klöstern abzustellen.

Insonderheit sollte man das Betteln vor den Klöstern, als das kräftigste Mittel, die Menge von Landfahrern, Müßiggängern, Spitzbuben, Dieben, Räubern und Mördern herbey zu ziehen, ganz abschaffen. Es dürften zwar einige der ehrwürdigen Väter vermeinen, es sey solches dem Sinn ihrer Stiftung entgegen; allein ich habe mit erleuchteten Geistlichen unsrer Religion gesprochen, welche gar nicht solcher Meinung sind. Date, et dabitur vobis, sagt der Herr Pater, allein, warum wollen wir die Ordensgeistliche betteln lassen, um das erbettelte dem Diebs- und Jaunergesindel, Landfahrern, Steifbettlern und Strolchen zuzustecken, da

wir

wir doch noch endlich darinnen einerley Meynung hegen, daß man diesen unsre Almosen nicht mittheilen soll.

§. 86.

Betteln der Pilgrimme abzustellen.

Unsre Pilgrimme sind auch dem Land keine geringe Last mit ihrem Betteln: allein, wer hat gesagt, daß wenn sie wegen ihrer Sünden eine Wallfahrt thun, oder wenn sie dieselbe um den Lohn vor andre übernehmen, alsdenn andre Leute mit ihren Betteleyen geplagt seyn sollen? Sind doch diese nicht Schuld dran, daß andre mit ihren Vergehungen diesen Bußweg zu einer Nothwendigkeit gemacht haben?

§. 87.

Lächerliche Betteleyen abzustellen.

Noch eine Art einer schändlichen und wenigstens lächerlichen Bettley ists, daß man unter allerley Gestalten Betteleyen verstattet. Da kommt gegen Weynachten Adam, Eva und der Teufel mit einander in sehr zierlicher Gestalt und betteln. Da kommen bey dem Fest der heiligen Dreyenkönige, die Copien dieser Originallen, ein schwarzer und zwey weiße und betteln, anstatt, daß wenn man die heilige Dreykönige recht copiren wollte, man

man auch Gold, Weyrauch und Myrrhen bringen sollte. Am Mayentag lauffen alle Gassen voll bettelnde Mayenkönige.

§. 88.
Betteln der Studenten abzustellen.

Auch das Betteln unsrer Studenten, welche schon in den Reichsſatzungen als fahrende Schüler bekannt ſind und dem Lumpengeſindel beygezählt werden, iſt uns eine große Laſt, ſie mögen uns mit oder ohne Muſik unſer Geld abfordern.

§. 89.
Schädliche Folgen der Freyſtätten in Kirchen und Klöſtern.

Als ein Anhang muß ich hierbey noch bemerken, daß wenn wir dem ärgſten die öffentliche Ruhe ſtöhrenden Verbrechen mit unſerm Almoſengeben Thüren und Thore aufthun, alsdenn das Unweſen dadurch vollkommen gemacht wird, daß wir den durch den Mißbrauch der Almoſen meiſtentheils gezognen Miſſethätern, Mördern, Räubern, Dieben und dergleichen, in unſern Kirchen und Klöſtern eine ſichere Zuflucht angedeyen laſſen, durch welche ſie ſich der ſie verfolgenden Gerechtigkeit ſpot-
tend

tend entziehen, und mit ihrer Straflosigkeit andern zu dergleichen und noch gröbern Verbrechen, einen sehr unglücklichen Reiz geben. Wollen wir die heilige Schrift alten Testaments zur Behauptung dieser Freystätten anziehen, so halten uns die Uncatholischen entgegen, daß, damals nur von unvorsätzlichen Todtschlägen die Rede gewesen ist, nicht aber von Meuchelmördern, Banditen, muthwilligen Duellanten und dergleichen. Sagen wir, Quod ecclesia non sitiat sanguinem; so fragt man uns, warum wir so große Freude am Verbrennen der Ketzer haben? Man fragt uns ferner, warum wir der Obrigkeit das Schwerd aus den Händen winden, das ihr Gott zur Regierung des Volks und zum Schutz der Frommen anvertrauet hat? Doch, ich lasse die Rechte der heiligen Kirchen unangefochten, und begnüge mich nur damit, auch an diesem Ort deren schädliche Folgen auf das Wohlergehen des Staats zu zeigen.

VI. Ab=

VI. Abschnitt.
Mangel der Bevölkerung.

§. 90.
Mangel der Bevölkerung in catholischen Staaten.

Ich eile aber zum Beschluß und stelle mithin die letzte Hauptursache des mindern Wohlstands unsrer Glaubensgenossen gegen die Protestanten dar. Es besteht dieselbe in dem niedrigen Grad der Bevölkerung. Was aus diesem Artikel vor Folgen fließen, brauche ich nicht zu berühren, indem es andre so umständlich gethan haben, daß vor mich nichts übrig bleibt. Woher es aber kommt, daß unsre Bevölkerung so gering ist, gegen die der Lutherischen und Calvinischen Länder, das ist bald errathen, wenn man nur zum Grund nimmt, daß die Menge des Volks nach der reichern oder schmälern Nahrung zu oder abnimmt. Da man aber bey uns das meiste Vermögen bey guten Werken aufopfern muß; da der Unterhalt, obgleich nicht der Geistlichen, doch der Klöster, unsre Kräfte schon erschöpft hat; da auch sonst unser Religionswesen nur allenthalben Kosten verursacht;

sacht; da die vielen Feyertage unsre Arbeit so ausserordentlich hindern, und zugleich das Volk überlich machen; da die Obrigkeit vor den Nahrungsstand entweder gar nicht, oder doch sehr unhinlänglich sorgt; da eine wahre Policey bey uns etwas unbekanntes ist; da der Bettler dasjenige, so man bey Bestreitung obiger Rubriken noch übrig behalten hat, vollends hinweg nimmt; da die ungestörte Betteley das Land in Unsicherheit setzt; da uns der munter denkende Geist der Protestanten fehlt; da unser meistes Volk niedergeschlagen ist und sein Elend mit einer unglaublichen Gedult trägt; da sogar bey den Protestanten im Handel und Wandel mehrere Treue und Glauben bemerkt werden will, und da bey uns der höchste Grad des Reichthums von manchen darinnen gesucht wird wenn sie ihre Kinder in Klöster einzukaufen vermögen, hernach aber, da man solche versorgt zu seyn glaubt, der Fleiß des besten Mannes unter uns ein Ende hat; So frage ich: ob bey solchen Umständen eine gute Nahrung bey uns zu suchen sey? und wenn solches nicht ist, ob denn zu einer rechtschaffenen Bevölkerung einige Hoffnung sey?

§. 91

§. 91.

Eheloser Stand der Geistlichen schädlich.

Man bedenke anbey, daß die Geistlichkeit im ledigen Stande leben muß. Ich bleibe abermahl bey meinem zum Beyspiel genommenen Lande von 30,000 Familien. Rechne nur auf 200 Familien einen Pfarrherrn, so thut dieses schon einhundert und funfzig Pfarrherren, folglich gehen da mit so viel ledigen, gesunden und starken Männern einhundert und funfzig wohl unterhaltene Familien ab, wobey eben so viele Jungfern ihre gute Versorgung finden, und dem Staat eine Anzahl Kinder verschaffen würden, welche demselben sehr wohl zu statten kommen. Man sehe nur einmal in ein uncatholisches Land, und betrachte wie viele hundert und tausend brave Leute, beyderley Geschlechts darinnen vorhanden sind, die einen Pfarrer zum Vater, Groß = oder Urgroßvater haben, oder eines Pfarrers Tochter zur tugendsamen Gehülfinn sich durch die Ehe beylegen. Nicht allein die Pfarrherren sind es, die durch den ledigen Stand der Priester sich der Bevölkerung des Staats entziehen; die Capelläne gehören auch dahin. Item kann ich bey dieser Gelegenheit die Haushälterinn nicht vergessen, welche der Pastor nicht entbähren kann und welche durch diesen Dienst auch mehrentheils dem ehelichen Stand entzogen wird.

§. 92.

Besonders das Klosterleben.

Vielleicht aber wäre der ledige Stand unsrer Priester vor den Staat noch zu verschmerzen, und so will ich auch von den Domstiftern weiter nichts melden, als daß zwar durch dieselbe manche Familie bereichert wird, aber auch gar viele durch den bey den Domherrn erforderlichen ehelosen Stand, erlöschen: Allein was uns am meisten drückt, sind die Klöster beyderley Geschlechts. Man rechne einmal zusammen, wie viel hundert tausend Ordensleute beyderley Geschlechts wir in unsrer catholischen Christenheit zählen. Man erwäge, was diese vor eine Zahl von Layenbrüdern und Schwestern bey sich haben. Man bedenke, daß diese nicht etwa als alte abgelebte, preßhafte, kränkliche, verstümmelte, einfältige oder närrische und folglich dem Staate nichts mehr taugende Leute, in die Klöster aufgenommen werden; sondern, daß man lauter junge, starke, gesunde und muntre Männer und lauter junge, gesunde und unverstellte Jungfern dahin verlangt und dabey vorgiebt, es dürfte Gott nichts
unvoll-

unvollſtändiges geopfert werden; wodurch aber dem Staat gerade das allerbeſte aus dem Volk entzogen, und in den Klöſtern lebendig vergraben wird, ohne der Welt den Segen mit Erzeugung und Auferziehung der Kinder zu geben, den Gott der Herr gleich bey der erſten Erſchaffung ſo nachdrücklich auf den Eheſtand gelegt, und welchen durch allzufrühzeitige und unüberlegte Keuſchheitsgelübde zu vernichtigen, er nirgends erlaubt, weniger geboten hat. Wie viele Millionen glückſeliger Unterthanen würden unſre catholiſchen Fürſten mehr zählen, wenn die Mönche und Nonnen, das Sacrament des heiligen Eheſtands nicht verſchworen hätten; was würde dieſes ihnen vor eine Macht gegen die Proteſtanten geben? Wie viele Armeen könnten nicht aus unſern Mönchen formirt werden? Wie viele rechtſchaffne Hausmütter ſollten nicht unter unſern Kloſterfrauen zu finden ſeyn? Wie viele Gelehrte, Kaufleute, Fabrikanten, Künſtler, Handwerksleute und Landwirthe, ſollten ſich nicht unter ihren Kindern antreffen laſſen.

§. 93.

Dultung verſchiedener Religionen.

So unüberwindlich mir aber dieſe Schwierigkeit ſcheint, die ſich unſrer Bevölkerung

ent=

entgegen setzt, eben so schwer dürfte es wohl halten, bey noch einem eben so wichtigen Umstand dasjenige zu thun, was man die Protestanten thun sieht. Es ist solches die Dultung andrer Religionsverwandten und eine durchgehende Vertragsamkeit mit ihnen. Die Lutheraner und Calbinisten hassen keinen Menschen wegen der Religion; sie gestatten, daß ein jeder die Ueberzeugung von seiner Religion habe, die sie von der ihrigen haben; sie nöthigen keinem ihre Religion auch nicht einmal den Unterricht darinnen auf; sie legen dem Gewissen keinen unmittelbaren oder mittelbaren Zwang an; wer ein guter Bürger bey ihnen ist, der hat allen möglichen Schutz und ist nicht geringer, denn ein andrer im allgemeinen bürgerlichen Leben. Man zieht sogar Fremde Glaubensgenossen herbey; man hält denselben die gegebne Versicherung auf das getreuste; man räumt ihnen zu Zeiten Kirchen und den öffentlichen Gottesdienst ein; man thut solches sogar uns; da es doch bekannt ist, daß unsre, oder vielmehr unsrer Geistlichkeit Grundsätze, der Vertragsamkeit gar nicht gemäß sind. Hier muß man die Wahrheit sagen, daß in Religionssachen die Protestanten uns keinesweges Böses mit Bösem vergelten.

§. 24.

§. 94.
Deren Nutzen in Ansehung des Staats.

Eben daher aber wachsen auch ihre Lande immerdar an Wohlstand. Die Freyheit der Religionen zieht eine Menge von Fremden, aus allerley Nationen herbey; diese bringen neue Talente, neue Künste, neue Wissenschaften, neue Mittel der Nahrung ins Land, und verbreiten sie dergestalt, daß daraus ergiebige Quellen des Reichthums entstehen; bey uns hingegen verfolgt man alles, jagt fort und vertilgt, was nicht zu unsrer Kirche gehört.

§. 95.
Schädlichkeit der Intoleranz. Exempel bey catholischen Staaten.

Die Uncatholischen machen uns über das bekannte hæretico non est servanda fides, die bittersten Vorwürfe, und trauen unsern Versicherungen nicht, welche denn auch vielmal gebrochen zu haben, wir nicht läugnen können. Das Edict von Nantes mag dißfalls zum Beyspiel dienen. Frankreich jagte seine Hugenotten fort, sandte also einige hundert tausend Menschen nach England, Holland und in die protestantischen Länder in

Teutschland, und verpflanzte damit die französischen Fabriken in solche Lande zu seinem unsäglichen Schaden. Spanien vertilgte in seinen Landen die Mohren, und ward darüber zur Einöde. Eben dieses Spanien that ein gleiches mit den Völkern des neu entdeckten America, und verwüstete das neue Land mit unerhörten Grausamkeiten. Ferner verfolgte Spanien die Uncatholischen in den Niederlanden, und die herrlichsten Fabriken zogen sich über das Meer nach England, der erstaunliche Handel zu Antwerpen aber nach Amsterdam, und gab den vereinigten Provinzien die Kraft, sich gar von der Spanischen so fürchterlichen Monarchie los zu machen, in Ostindien ganze Königreiche zu erobern, und gegen jedermann tapfer und glücklich sich zu behaupten. Salzburg und Berchtoldsgaden jagten in unsern Tagen viele tausend Uncatholische Unterthanen aus ihren Landen, und verschafften dadurch dem preußischen Litthauen einen sehr schönen Zuwachs der besten Unterthanen zum Ackerbau. Ich könnte noch mehrere Exempel anzeigen, auch von den sogenannten Transplantationen reden: allein es werden die angeführten schon hinlänglich seyn, um das Unglück, so aus dem Mangel der Religionsduldung den cathlischen Ländern zuwächst, zu beweisen.

§. 96.

§. 96.

Exempel des Gegentheils bey protestantischen Staaten.

Man sehe im Gegentheil die Länder der Protestanten an, worinnen die Religionsduldung so hoch getrieben wird; man betrachte England, das an Macht dem alten Rom gleicht, man sehe die vereinigten Niederlande an, o! was vor ein Glück, was vor ein Gewerbe, was vor eine Nahrung, was vor ein Reichthum, was vor eine unbeschreibliche Menge Volks auf einem Erdstrich, der gegen den Umfang der catholischen Staaten nur gar ein weniges ist. Man sehe auf die Stadt Altona, wo alle Religionen glücklich gedultet werden; wo alle unter einander sich friedlich betragen, und alle gleichen Schutz und gleiche Sicherheit genießen; was ist da vor ein Wohlstand, vor ein allzeit zunehmender Wohlstand, und wie sehr hat sich allda die Menge des Volks gehäuft?

§. 97.

Hoffnung besserer Zeiten, auf Ihro jetzige päbstliche Heiligkeit, und die Bischöfe gegründet.

Dieses sind also meine Gedanken, von der Materie, welche ich zu meiner Betrachtung aufgestellt habe. Ich denke als ein Privatmann und als ein armer Laye, hoffe aber doch durch den Dienst, den ich dabey meinem Vaterland und allen catholischen Staaten zu erweisen gedacht, an meiner heiligsten Religion mich nicht versündigt zu haben: denn ich denke im Gehorsam der Römischcatholischen Kirche zu leben und zu sterben. Die Häupter der Erde, und diejenigen so zum besten gedachter catholischen Staaten zu rathen haben, werden vielleicht meine Anmerkungen eines aufmerksamen Blicks nicht unwürdig halten, sie werden die Mittel schon finden dem Uebel zu steuern, da die Quellen desselben entdeckt sind. Das allerhöchste Oberhaupt der Kirche wird gewiß das seinige dabey thun. Liegt gleich Benedict der XIV. gesegneten Andenkens im Grabe, so sitzt doch ein glorreicher, ein einsichtsvoller, Clemens der XIV. auf seinem allerheiligsten Stuhl. Von einem so erwünschten Vater und allerhöchsten

Vor=

Vorsteher der catholischen Kirche, ist alles
zu erwarten, was nur dienen kann, um
die Religion mit dem Wohlergehen des
Staats in ein richtiges Verhältniß zu setzen,
und das Wesentliche der Religion von Ne-
bendingen zu trennen, welche eben dasjenige
sind, so dem Wohlstand des Staats hin-
derlich fällt. Das Wesentliche der Religion
wollen wir alsdenn mit allem Eifer beybe-
halten, und uns dabey als wahre catholische Christen zu der Zeit erweisen, wo wir
nicht mehr gehindert werden, am Wohlergehen unsers Vaterlands und seiner Glieder, gleich den Protestanten zu arbeiten,
und endlich wo nicht zum nehmlichen doch
zu einem nicht gar zu ungleichen Grad der
Glückseligkeit zu gelangen, auf welchem wir
solche erblicken. Die Erzbischöfe und Bischöfe unsrer Länder, und besonders in dem
werthesten Teutschland, werden dabey wil-
lige Hände anlegen, und vielleicht über
alle unsre Hoffnung die guten Sachen befördern.

§. 28.

§. 98.

Guter Zustand der Catholischen, so unter protestantischen Herrschaften wohnen.

Mittlerweile haben unsre Glaubensgenossen die unter protestantischen Herrschaften wohnen, es am allerbesten. Finden gleich dieselben die Hindernisse in guter Maase, welche die dermalige catholische Religionsverfassung ihnen bey der Besorgung ihres Wohlstands noch allezeit in den Weg legt; so finden sie doch solche nicht mit gleichschwerem und unterdrückenden Gewicht, als wie wir. Die Bettler allerhand Art dürfen sie wenigstens nicht bis auf das Blut aussaugen, und wenn auch bey ihnen, so wie bey uns, alles wäre, was noch zur Zeit von unsrer Religion abhängt, so profitiren sie doch von der guten Policey, und von allen den Einrichtungen, so zum besten des Nahrungsstandes bey den Protestanten so vorzüglich gut angetroffen werden. Man kränkt sie dabey nicht, in der Religion, und in allem so davon abhängt; ja, man leidet nicht einmal, daß sie von andern darinne gekränkt werden. Die ertheilte Versicherungen hält man ihnen auf das heiligste. Man thut ehe noch mehr als ver=

versprochen worden, um ja allen Vorwurf zu vermeiden, daß das gegebene Wort nicht auf das Vollkommenste sey gehalten worden. Aller Verfolgungsgeist ist fern von den Protestanten; man wohnt ruhig und sicher unter ihrem Scepter, wenn man nur die Pflichten eines guten Bürgers erfüllt; und, wer wollte solches nicht thun, da ein andrer das nehmliche thun muß und folglich, das wechselseitige Band dadurch auf einerley Art väterländisch verknüpft wird.

§. 99.

Beschluß.

Doch, ich schweige: Nur dich allerheiligste Vorsehung; dich allein — allmächtig, weis- und gütiges Wesen; dich den Ursprung aller Dinge; dich den allein selbstständigen, den allgenugsamen, den der allein Jehovah heißt, ein Nahme, bey dessen Nennung wir vor Ehrfurcht heilig erbeben, und vor Liebe, des uns ewig Liebenden, ausser uns kommen; dich allervollkommenster, der da war, der da ist, und der da kommen soll, alles in allem, gestern und heute und derselbe in

Ewig-

Ewigkeit; dich, sage ich, rufe ich demüthig an, daß du meinen Worten, wo sie wahr sind, die Kraft der Ueberzeugung geben, wo sie aber nicht wahr sind, diese meine Schrift von dem Erdboden vertilgen wollest. Herr, lasse dir doch gnädig gefallen, in deiner ganzen Christenheit allen in seinem Grund unerkannten, in seinen leidigen Würkungen aber nur allzusehr empfindlichen Religionshaß durchaus zu zerstören, dagegen aber über sie den Geist des Friedens, der Liebe, und der brüderlichen Vertragsamkeit in der Maase auszubreiten, und in beständigem Erspriessen wachsen zu lassen, daß dein heiliger Nahme dadurch verherrlicht, der Wohlstand aller derjenigen, die dich, den Schöpfer als Vater anrufen, und deine Kinder heissen, empor gebracht, und daß alle im Geist der Wahrheit und der Liebe deines Sohnes Jesus auf dieser Erde glückselig und dermaleins selig seyn mögen.

Inhalt: